本书研究及出版获教育部人文社科基金规划项目（20YJC870001）和华中农业大学公共管理学院事业发展经费支持

网络谣言在线扩散的规避与管控研究

陈 娟 著

科 学 出 版 社
北 京

Aalto 大学商学院刘勇副教授、华中师范大学信息管理学院张敏教授，感谢他们为本书贡献的大量智慧！在数据收集与原始资料整理过程中，得到了许多本科生和研究生的支持，他们是谢丹、田代廷、萨拉木、唐僖祥、刘娜、赵昕昊、骆绍康等，感谢他们为本研究付出的辛勤工作！本书的研究及出版，得到了教育部人文社科基金规划项目（20YJC870001）和华中农业大学公共管理学院事业发展经费支持！感谢科学出版社各位老师、编辑的支持与厚爱，让本书得以顺利出版！

陈　娟

2021 年 10 月 12 日于狮子山

目　录

1 绪 论

社交媒体环境下，谣言扩散会造成巨大影响，严重时会扰乱社会公共秩序，并引发重大社会问题。互联网技术的发展及应用领域的不断扩展，对政府谣言治理能力提出更高的要求。政府发布辟谣信息并管控其扩散路径与演化幅度，有助于提升网络谣言治理效率。在此情形下，研究网络谣言在线扩散的规避与管控问题，对于提升政府公共危机应对能力、维护社会稳定与和谐、提高政府公信力等具有重要现实意义。

本章在介绍研究背景与研究意义的基础上，明确了研究目标，分解了研究内容，制订了研究路线，并对研究方法进行了简要介绍。

1.1 研究背景与意义

1.1.1 研究背景

第48次《中国互联网发展状况统计报告》显示，截至2021年6月，我国网民规模超10亿，互联网普及率达71.6%；我国手机网民规模为10.07亿，较2020年12月新增手机网民2092万，网民中使用手机上网的比例为99.6%。十亿用户接入互联网，形成了全球最为庞大、生机勃勃的数字社会。

网络的虚拟性、匿名性等使越来越多的网民可以突破传统空间的束缚和限制，借助社交媒体参与到公共事件的全过程并表达、发声；同时，不实信息的传播、扩散变得更为简单、便利，极易造成巨大的负面影响。2019年微信平台共生产17 881篇辟谣文章，辟谣文章阅读量达1.14亿次。2021年上半年，短视频作为基础的用户表达和内容消费形式，贡献了移动互联网的主要时长和流量增量。短视频用户规模持续增长，带动对内容的需求迅速上升。但大量短视频账号在未经授权的情况下免费搬运、混剪、传播并获利，一方面，严重侵犯版权所有者利益；另一方面，为不实信息的传播提供了温床。《2019年网络谣言治理报告》表明，医疗健康、食品安全、社会科学三类是网络谣言的高发领域，舆论关注度高的谣言呈现传播视觉化、传播全球化、旧谣新传化等特征。由此可见，随着互联网和智能移动设备的迅速发展与普及，人与人之间的信息传递与生活方式在一定程度上被改变，网络谣言的传播也呈现出新变化与新特点。社交媒体强大的转发、传播功能使得谣言的传播速度、波及范围迅速扩大，网络谣言愈演愈烈，让民众对某些领域产生极大的不安全感和恐慌心理，给民众的生活和社会的安定造成极大负面影响，严重时更会扰乱社会公共秩序，产生网络的“蝴蝶效应”，引发重大社会问题。在此背景下，政府治理网络谣言、进行网络监管为大势所趋。

党的十八大以来，国家高度重视互联网治理问题。2016 年国家互联网信息办公室（以下简称“国家网信办”）发布《国家网络空间安全战略》，旨在维护国家在网络空间的主权、安全和发展利益；十九大进一步强调要加强互联网内容建设，建立网络综合治理体系，营造清朗的网络空间。2019 年 1 月，针对网络生态问题频发、各类有害信息屡禁不止等突出问题，国家网信办启动网络生态治理专项行动。2019 年 10 月，党的第十九届中央委员会第四次全体会议做出“完善坚持正确导向的舆论引导工作机制”的重大部署，明确提出正确导向的舆论引导工作的具体要求，并确立“加强互联网内容建设，建立网络综合治理体系，营造清朗的网络空间”的网络空间治理的总目标。2020 年 3 月 1 日，《网络信息内容生态治理规定》开始正式实施，强调从网络信息生产者、内容服务平台、内容服务使用者、行业组织四个主体层面对网络信息生态进行有效的引导与治理。2021 年 9 月 1 日，中共中央网络安全和信息化委员会办公室（以下简称“中央网信办”）违法和不良信息举报中心、中国文明网、中国互联网发展基金会和中国互联网联合辟谣平台联合发布《“抵制网络谣言 共建网络文明”倡议书》。据统计，中央网信办在中国互联网联合辟谣平台三年来发布权威辟谣信息 1.6 万余篇，对遏制网络谣言传播发挥了积极作用（胡蔚，2021）。

社会化媒体之所以被越来越多地应用于政府治理网络危机，控制和引导舆情，主要原因在于它让政府管理者有能力对公众的意见做出及时反应，更有效地与公众沟通，有利于公众对政府危机管理产生积极的回应，既能节省时间又能减少成本。目前，为规避与管控谣言的在线扩散，政府采取了一系列措施，包括发布辟谣信息、限流、屏蔽、删帖等。其中，发布辟谣信息为政府治理网络谣言的一种重要方式，旨在通过辟谣信息扩散，让更多的受众了解真实信息，遏制谣言。该方法具有一定优势，但是对于政府辟谣信息的发布策略要求较高。已有研究表明，辟谣内容不实、辟谣主体选择不当、辟谣方式不妥、辟谣不及时等均会导致政府辟谣失灵（黄晓军和王敏，2016；欧阳果华，2018）。

综上所述，社交媒体环境下，仅仅依靠政府单方面力量治理网络谣言效果是有限的，政府协同其他主体合作治理不失为更好的选择。欧阳果华（2018）研究发现，网络社团在网络辟谣方面具有速度快、专业性强、更为全面、科学理性等优势，可成为社会治理中的新生力量；政府与网络社团可形成多种合作模式，各自发挥辟谣优势。加强微博意见领袖的舆论引导，有利于凝聚网络舆论共识。此外，积极发挥民众的监督作用，也有助于真实信息的传播与扩散。

1.1.2 研究意义

政府通过发布辟谣信息进行网络谣言治理，规避和管控网络谣言在线扩散，需要综合考虑多方面因素。政府辟谣信息作为一类特殊的信息，其扩散规律与其他信息在社交媒体平台上的扩散规律有相似之处，但又有其自身特性。为了提高政府治理网络谣言的效率，研究谣言与辟谣信息在社交媒体平台上的扩散规律与交互作用规律尤为必要。研究结果对于提高政府谣言治理能力、保障网络安全等具有重要理论与现实意义。

（1）理论意义

首先，在识别谣言与辟谣信息扩散特征的基础上，分析谣言与辟谣信息在线扩散的交互作用机制，并进行政府辟谣信息管控策略的研究，有助于丰富和细化信息扩散理论、协同治理理论等相关的理论研究成果。其次，构建政府网络谣言治理效果的评价指标体系，提供定量评价政府辟谣信息效果的途径与思路，可以为政府辟谣应急方案的设计和协同治理思路提供可借鉴的理论参考。

（2）现实意义

政府作为社会治理的主体，在网络谣言与辟谣信息在线扩散的规避与管控中占有重要地位。对政府辟谣信息扩散及其管控研究，可以方便政府进一步规范辟谣信息的发布制度，更好地完善辟谣信息的内容与形式，降低政府的网络谣言治理成本。本研究对于提高政府公共危机的应对能力、营造“共建、共享、共治”的社会治理格局、维护社会和谐与稳定、增强政府公信力等具有重要现实意义。

1.2 研究目标

本书主要研究目标有以下几个方面。

（1）揭示谣言与辟谣信息在线扩散的交互作用机制

在识别谣言与辟谣信息扩散特征的基础上，通过逻辑演绎与经验推理，揭示谣言与辟谣信息交互的行为模式；通过动力学分析，识别谣言与辟谣信息交互作用的因果关系，绘制两者间的存量流量图，结合典型案例，构建基于 SEIR 模型的谣言与辟谣信息交互及仿真模型，探究两者间的交互作用机制。

(2) 构建网络谣言治理效果的评价指标体系

确定网络谣言治理效果的评价指标，是量化评价政府治理网络谣言效果的基础性工作。政府、网络平台和公众是网络谣言治理中不可或缺的组成部分。从政府公信力、辟谣信息的传播效果及公众满意度三个维度，构建科学、合理、全面、完善的政府网络谣言治理效果评价指标体系，为政府治理网络谣言提供理论依据和实践指引。

(3) 识别网络谣言管控的关键因素，提出政府辟谣信息的管控策略

网络用户能在多大程度上接受政府辟谣信息，是衡量政府网络谣言管控工作成效的关键。研究从用户角度，考虑信息焦虑、社会支持、用户谣言甄别能力等因素，研究用户接受政府辟谣信息意愿，识别出网络谣言管控的关键因素。通过对政府辟谣信息传播效果评价及管控现状的诊断，形成建立在科学规律之上的政府辟谣信息管控的对策与建议，为提升党和政府的治国理政能力提供有价值的理论参考。

1.3 研究内容与技术路线

1.3.1 研究内容

本书在调查并跟踪社交媒体环境下政府辟谣信息发布行为与媒体、社团、受众等交互反应行为的基础上，运用网络数据抓取、基于 MAS 的仿真建模、ArcGIS 空间分析等手段展开研究，具体内容如下。

第 1 章：绪论。首先介绍研究背景与意义，提出研究的问题。其次，明确本书的研究目标。再次，对整体研究思路进行梳理，确定研究内容，绘制出研究的技术路线图，并详细阐述全书框架。最后，明确研究方法，并阐明各方法在本研究的应用思路。

第 2 章：理论基础与文献回顾。该章首先界定研究涉及的重要概念，然后以公共治理理论、危机管理理论、生命周期理论和六度分离理论为基础，对本书的理论基础进行阐述，最后分别从网络谣言、辟谣信息、谣言治理等方面对国内外相关研究现状进行回顾与评析。

第 3 章：网络谣言的形成、传播与扩散。该章首先分析网络谣言的特征、危害、功能、成因，进而探讨网络谣言的传播路径、传播模式、网络谣言传播的影响因素及社会机理；最后从时间、地理空间和社交网络角度，结合典型案例，分析网络谣言的扩散特征，为后文研究谣言与辟谣信息的交互作用机制、网络谣言治理效果评价及最终的调控策略打下基础。

第 4 章：政府辟谣信息的扩散。该章首先介绍辟谣信息的定义，明晰政府辟谣信息的功能/效用，分析政府辟谣信息扩散过程中的社会网络特征和地理信息特征；其次研究政府辟谣信息扩散的影响因素；最后，剖析政府辟谣信息扩散中的“沉默的螺旋”及“反沉默的螺旋”现象，揭示“反沉默的螺旋”现象的形成过程，探明其对舆情走向的影响。

第 5 章：谣言与辟谣信息在线扩散的交互作用机制。该章首先厘清谣言与政府辟谣信息交互的行为模式，分析影响谣言与政府辟谣信息交互的影响因素；其次介绍若干适用于谣言与政府辟谣信息交互的仿真模型与仿真方法并进行动力学分析；最后结合具体案例，对谣言与政府辟谣信息的交互进行建模与仿真。

第 6 章：网络谣言管控的关键因素分析。该章主要从用户角度，考虑信息焦虑、社会支持等因素，通过用户谣言甄别能力的中介效应，对用户接受政府辟谣信息意愿的影响进行分析。通过理论推理，分析各变量之间的相互作用关系，构建识别关键因素的理论模型。

第 7 章：网络谣言治理效果评价。该章首先明晰评价网络谣言治理效果的意义；其次在分析影响网络谣言治理效果的主要因素的基础上，构建网络谣言治理效果评价的指标体系；最后介绍效果评价的研究方法，并选择典型案例，对网络谣言治理效果进行模拟评价。

第 8 章：政府网络谣言的管控策略。该章首先分析管控策略的抉择角度，明确政府管控的目的和原则；其次对不同交互模型下的管控策略进行分析；最后从谣言本身、谣言主体、政府、媒体、网络生态环境等角度，提出多层次调控策略。

第 9 章：研究总结与展望。对全书内容进行总结，并对存在的不足之处提出展望。

1.3.2　技术路线

本书沿“提出问题—分析问题—解决问题”的研究思路展开研究。在调查社交媒体环境下，政府辟谣现状的前提下，通过梳理国内外相关文献，提出如何系统评价辟谣信息效果、科学制定辟谣决策的问题，并逐步分析、解决问题。具体来说，首先通过问卷调查、数据采集等，分析谣言与政府辟谣信息的扩散特征；接着运用系统动力学分析等揭示谣言与政府辟谣信息交互的行为模式与作用机制；而后，采用层次分析法和组合赋权法构建政府辟谣信息效果评价模型；最后，综合运用 GIS 技术、多智能体仿真技术等，研究政府网络谣言的治理策略与路径。具体技术路线如图 1.1 所示。

举措，是围绕歼灭谣言展开的行动策略。

网络辟谣强调辟谣行为实施的空间，为区别于传统实体空间的网络虚拟空间。

2.1.4 谣言治理

谣言治理指通过对谣言进行一系列管控措施，对谣言进行阻断、覆盖，减少谣言对政府、社会及民众生活产生不利影响的活动。谣言治理包括政府治理、网络治理、社会治理等多个方面，其在内涵上要大于网络辟谣。政府辟谣、网络辟谣均是网络谣言治理的众多手段之一，除此之外，比较常见的谣言治理手段包括限制流量、屏蔽、删除虚假信息等。

网络谣言的传播给社会公共治理带来了越来越大的挑战，对民众的生活安宁与政府公信力带来了巨大的负面影响。近年来随着国家治理体系和治埋能力现代化的不断发展和成熟，我国网络谣言治理逐渐向各主体协同治理的方向发展。

2.2 理论基础

2.2.1 公共治理理论

迄今为止，国内外研究对治理给出了多种定义。全球治理委员会将治理定义为各种公共的或民间机构和个人管理共同服务的总和（英瓦尔·卡尔松和什里达特·兰法尔，1995）。蒋永福（2008）认为治理是指政府与社会力量通过协商与合作，共同实现公共利益的过程。徐勇（2001）认为治理主要是统治、管理或统治方式、管理方法，即统治者或管理者通过公共权力的配置和运作，管理公共事务，以支配、影响和调控社会。俞可平（2014）从政治学角度出发，认为治理主要是指官方的或民间的公共管理组织在一个既定的范围内运用公共权威维持秩序，满足公众的需要。

根据被应用领域的不同，治理理论被区分为公司治理理论和公共治理理论。公司治理理论多被应用于管理学界和经济学界，而公共治理理论被应用于公共事务的解决和政府管理（任声策等，2009）。公共治理是指政府和社会组织等治理主体共同治理公共事务的管理模式，它通过洽谈、协商等民主的、互动的方式得以开展，旨在重新探索政府管理社会公共事务的模式，强调管理协作化、方式民主化、主体多元化（胡正昌，2008）。由此可以看出，治理主体的多元化是公共治理的重要特点，但政府因其自身性质及其职能所在，其首要主体地位仍不可动摇。

近年来，公共管理领域中的网络化治理颠覆了以政府治理为主的传统公共行政范式和以市场化治理为主的新公共管理范式，成为一种备受关注的公共治理模式（何翔舟和金潇，2014）。网络化治理是政府部门与非政府部门等众多公共行动主体在网络化的环境中为实现与增进公共利益而互相合作，分享公共权力，共同对公共事务进行管理的过程（陈振明，2003）。网络治理模式认为，因为网络为彼此关联的行动主体提供了利益及互动的水平协调框架，建立起网络中各主体彼此的协调机制和信任机制是网络治理的基础，所以只有通过政府网络治理才能应对不断变化和日益复杂的环境。网络治理的关键在于在网络中建立和发展良好的关系（Stoker，2006）。

近年来，微博、微信、抖音、快手等平台的用户规模空前壮大，网络谣言通过跨平台传播所造成的潜在危害越来越大，成为公共领域治理的难题之一。“意见领袖”“大V博主”等在各大平台上粉丝数众多、影响力不容小觑。他们区别于政府、官方媒体的“平凡人”身份，使其在发布或转发辟谣信息时，对于网络治理而言，是优势也隐含风险。优势在于，这类主体普通人的身份更容易带动节奏、引起共鸣；风险在于，一旦缺乏对这类主体的监管，他们带错方向，会助长更多新生谣言的产生，更不利于网络治理。政府和官方媒体因为严格的审查和追责制度，在辟谣信息发布及网络谣言治理中会更严谨、更具权威性。在此背景下，建立以政府为主导，多方的共同协作的治理体系势在必行。政府通过微信公众号、政务微博平台或官方账号，可在网络空间中多途径关注网络热点，即时准确掌握网络动向，发布辟谣信息，一方面可以与其他相关部门、媒体等加强联系，联合发布辟谣信息，协作完成谣言治理；另一方面还能及时引导舆论动向、规范网络行为、了解群众的想法，合理引导舆情发展。建立以政府为主导，多主体协同的网络谣言治理体系具有重要的现实意义。

2.2.2 危机管理理论

薛澜和赵静（2019）认为危机是指对一个社会系统的基本价值和行为准则框架产生严重威胁，并且在时间压力不确定性极高的情况下，必须对其做出关键决策的事件。Seeger 等（2003）认为危机是能够带来高度威胁和高度不确定性的、不可预测的单一或系列事件。在其他关于危机一词的定义中，专家学者们也多是从危机的影响程度和不确定性做出定义。

鉴于危机的影响程度及不确定性，需要对危机进行管理。张成福（2003）认为，危机管理是一种有组织、有计划、持续动态的管理过程，政府针对潜在的或者当前的危机，在危机发展的不同阶段采取一系列的控制行动，以期有效地预防、处理和消弭危机。危机管理最终目标是建立一个具有前瞻性且成熟的危机防控系统，减少危机造成的损失，保护人民的生命财产安全，维护社会和谐稳定。

公共危机管理是指在危机观念或危机意识的指导下，对可能发生或已经发生的危机事件进行信息收集和分析、问题决策、制定计划和措施、协调控制及总结经验的过程（马建珍，2003）。王吕（2003）指出，政府在危机状况下的危机信息管理模式对公共危机事件进行有效的控制起到至关重要的作用。谢力（2004）发现公共危机的演变是由于受到了信息扩散的影响，因此为了应对危机，必须对公共危机信息扩散的过程进行研究。

信息技术的发展，已经逐渐模糊了线上、线下的信息交流和扩散场域。通常来看，线下发生的危机，可以在网络上快速引起热议、引发广泛关注和讨论，并产生大量的网络信息，这些信息在网络空间中快速扩散，可以引发更大范围的讨论与关注，控制不当，会滋生网络舆情，进而产生网络公共危机。

新技术、新媒体所带来的新兴网络行为与网络现象，很难用现有的法律规则与制度适度、穷尽地予以约束。全球化、信息化的发展使得网络公共危机相较于传统的公共危机而言，具备更强的传播性、扩散性。微博、微信、快手、抖音等社交媒体的低门槛准入和超越时间、空间限制性的特点吸引更多公众参与到危机信息的传播与扩散过程中，在法律许可范围内，人人都可以自由地表达观点。借助文字、图片、视频等信息载体，内容生成更加便捷、可行。公众在未经核实的情况下，采用跟帖、转发、评论等方式表达个人观点会演化出更多样化的舆情内容。因此，在互联网时代，危机管理的内容还应注意关注基于社会危机事件所引发的网络舆情引导与控制。对网络谣言的规避与控制，有助于管理部门消除危机对安全与秩序产生的影响，从而做出科学合理的应急决策。

2.2.3 生命周期理论

“生命周期”（Life Cycle）概念源于生物学，指生物在形态或功能上所经历的一连串阶段或改变。生命周期作为分析工具的一种实用范例首先出现在医学领域中，但在公共管理等几个领域内也蓬勃发展。生命周期理论开始于 20 世纪 30 年代，最早由希尔和汉森提出，主要用于个体和家庭，后被弗农、阿伯纳西、阿特伯克等广泛地运用，特别是在政治、经济、环境、技术、社会等诸多领域。

信息的生命表现在丰富多彩的信息运动过程之中。信息从产生、传播到收集、加工，再到吸收、利用的过程，就是一个完整的“信息生命周期”。在这一生命周期中，信息的价值会经历升值期、峰值期、衰退期、负值期。网络谣言和辟谣信息作为一种特殊的信息，也会经历从无到有，然后逐步消失的过程，也具有自己的生命周期。目前，对网络谣言与辟谣信息生命周期的阶段细分没有一个统一的标准，根据细分程度不同，出现过三阶段、四阶段或六阶段划分方法，但普遍认为这两类信息具有波动期、高峰期和衰退期。

处于生命周期中的不同阶段的网络谣言，其危害的可控性程度具有差异。因此，运用生命周期理论，对网络谣言发展的阶段进行准确判断，对于政府及时采用恰当、高效的治理策略有重要意义。本书将基于生命周期理论对网络谣言与辟谣信息进行阶段划分，分析其在不同阶段的特点，掌握网络谣言在不同生命周期里的变化状态及影响因素，分析不同阶段内辟谣信息的扩散特征，揭示网络谣言与辟谣信息各阶段的扩散规律，为更好地规避与管控网络谣言在线扩散做好基础性工作。

2.2.4 六度分离理论

六度分离理论（Six Degrees of Separation），也被称为小世界理论，是社会学家在研究社交网络（Social Networks）的时候提出来的一个概念。1967 年，哈佛大学社会心理学家 Stanley Milgram 根据这个假设，通过实验研究发现：他随机选择的一部分发信人，按照其要求给特定目标人物去一封信，要求发信人不能直接将信件寄给目标人物。实验发现，信件大约经过六次转发最终到达目的地，即只需要六个人，任何两个不相识的人就能建立联系。

六度分离理论用于描述网络节点间的短路径现象，其核心思想是，假设世界上任何两个互不相识的人，都可以通过少量的中间人介绍，从而建立联系。社交网络中的短路径，是指一个人最多通过五个人，就能够认识任何一个陌生人。这在学术上被称为“小世界效应”。在许多验证性研究中，由于受到地域、种族、个体对任务的认识程度、个体对任务的参与度等多种微妙因素影响，六度分离理论的验证试验总不能达到预期目标，却非常接近预期目标。于是，六度分离理论处于不能被证明，同时不能被否定的尴尬境地。因此，迄今为止，六度分离理论仍具有一定争议，被称为“残缺的理论”。

但是，六度分离理论所表达的一个重要思想，即任意两个互不相识的人，都可以通过某些方式或者办法，从而建立起直接联系或关系，这对于研究网络谣言管控却是大有益处。网络谣言的管控，不可能穷尽到每一个网络用户，但对于有影响力用户的管控，可以在实际治理中达到事半功倍的效果。网络中谣言和政府辟谣信息的扩散行为主体是个人或组织。在网络信息活动中，用户可以自主决定是否认同所接触到的谣言或辟谣信息，并可根据自己的意愿，选择是否点赞，为谁点赞；是否转发，转发给谁；是否评论，评论什么内容等。我们把单个用户看作社交网络中的一个节点，基于点赞、转发、评论等行为，用户和用户间的交互看作一条连线，会发现网络中用户间的联系犹如一张错综复杂的大网。每个用户在网络中的交互行为都有自己的圈子，但用户交际圈的大小和社交能力是有显著差别的。用户圈子大小与其影响力大小密切相关，其表达观点的理性与准确程度等，对于该用户节点信息扩散程度及个人目标达成率会有明显影响。用户的影响力越大，信息扩散的广度与深度会越大。所以，对网络空间中，社交网络内关键节点的识别及该节点所在簇的识别，就可以准确确定意见领袖群体，引导和管控他们的行为就具有可操作性。

2.3 文献回顾

2.3.1 社交网络中谣言与热点信息扩散问题研究

（1）网络谣言在社交网络中的扩散研究

在研究网络谣言分类的基础上，已有研究明晰了网络谣言的传播过程及其影响因素。首先，根据谣言主题（Vosoughi et al.，2018；王国华等，2011；敖炀和张欣尧，2012）、事件类型（王灿发等，2010）、危机程度（王利明和刘炯，2016），学者们对网络谣言进行分类。Vosoughi 等（2018）认为谣言可分为政治、都市逸闻、商业、科技、恐怖主义与战争、娱乐与自然灾害六类。王国华等（2011）、敖炀和张欣尧（2012）认为网络谣言事件类型可以分为自然灾害类、核辐射污染类、社会伤害类、意外伤亡类、政府行动类、食品安全类六大类；王灿发等（2010）将谣言分为事件先行类、相互推动类、无中生有类和刻意制造类。王利明和刘炯（2016）根据危机程度，将网络谣言划分为蓝色、黄色、橙色和红色四个等级。

其次，在谣言传播过程研究中，Jia 等（2017）、张阳阳（2017）、姜胜洪（2013）、严励和邱理（2014）认为网络谣言传播会历经潜伏期、形成期、发展期、高潮期、反复期和长尾期。张欣（2018）通过重庆公交车坠江案例分析，认为网络谣言最多经历产生、强化、高潮和消散四个扩散过程。传播主体的权威性和影响力（兰月新等，2018a）、受众心理（孟鸿和何燕芝，2012；袁谅，2018）、人群的活动时间及其在网上的活跃度（Simon et al.，2016；Naoki and Petter，2013）、网络连接度、事件主题、发布渠道、谣言文本等（陈娟等，

2018；曾润喜和魏冯，2016）被发现对网络谣言的传播有显著影响。

（2）社交网络中热点信息扩散的时空特征揭示

与社交网络热点信息扩散的相关研究主要集中于揭示信息在社交网络上扩散时随时间和空间演变的特征与规律。

从时间上看，当网络热点事件或舆论爆发时，权威信息发布时间越及时、人群上网的活跃程度越高，则社交网络信息的转载量越多，两者呈正相关关系（Qiu et al.，2016；Ferrari et al.，2011；宋之杰等，2016）。付业勤等（2014）认为舆情危机事件的年际分布变化趋势较为稳定，而月度和季度分布变化相对明显。雷春和付业勤（2014）、宗乾进和黄子风（2017）认为一件热点事件爆发后不节外生枝，一般存活 1～15 天，最长不超过 30 天，在突发事件微博信息传播的爆发期，辟谣信息在单位时间的转发量达到最大值后就呈现下降趋势。王艳东和阮诗斯（2018）认为在距离达到一定阈值前，网络热点事件推文反应时间随着距离的增大呈线性增长。

从空间上看，路紫等（2013，2015）研究发现热点事件具有本地集中性特征，舆情的关注度呈现距离衰减现象。人们对网络热点事件关注度与城市网络连接度有正相关关系，网络热点事件关注呈东部高、中西部低的特征（甄峰等，2012；席广亮等，2015）。此外，舆情信息的传播具有强烈的地域分布特征，舆情的整体态势随事发地的距离呈递减趋势（李杰和赵阳，2014）。王璟琦等（2018）认为网络舆情话题空间分布具有聚集性，与话题强度呈正相关关系。付业勤等（2014）认为网络舆论关注的事件主要以国内为主，境外、华东、华中和华北地区与特定内容特征紧密相关。此外，舆情信息扩散还呈现其他特征与规律。Ferrari 等（2011）研究发现城市格局的增大和社会人群上网的活跃程度越高，社交网络的转载量就越多，两者呈正相关关系。

2.3.2 与政府辟谣信息扩散相关的研究

辟谣信息的传播与扩散是紧密追随网络谣言的传播和扩散的。目前对政府辟谣信息扩散的研究主要集中在扩散路径、扩散效果、影响因素等方面。

（1）政府辟谣信息扩散路径

已有研究表明，政府辟谣信息的扩散路径主要呈现出“中心发散状”（宋之杰等，2016）和“星芒状”（宗乾进和黄子风，2017；洪小娟等，2014；刘金荣，2013）、网状（刘亚东，2018；欧阳果华，2018）结构等。“中心发散状”论者认为，辟谣信息扩散路径呈中心发散状，是由于“好友关系”“意见领袖”“大 V 博主”等群体在社交媒介中起中介作用导致。社交媒体辟谣信息的扩散轨筛选程序，而社交媒体时代原来信息自上而下的传播方式也逐步转为自下而上，媒体对传播信息的把控作用也消失殆尽。在此背景下的“线上+线下”的谣言传播模式广泛地运用在实际生活中。当网民在网络平台上获知网络谣言后，出于焦虑、寻求安慰等不同的心理动机，他们除了在网上进行转发和扩散外，也会在人际间进行谣言的传播。在生活中我们也不难发现，部分网络谣言不是我们自己从网上获知的而是通过我们的亲朋好友传播到我们身边的。人们往往对熟悉的人有着更高的信任度，因而对于他们传播的消息也更容易相信，这种“线上+线下”的传播方式也使得网络谣言的影响力不断增大。

3.2 网络谣言的传播

网络谣言的传播机制是由其传播路径、传播模式、影响因素和各种其他因素构成的一种综合表现形式。

3.2.1 网络谣言的传播路径

网络谣言的传播路径是相对固定的，都是从产生到变异再到扩散最后转化为信谣者的实际行动。网络谣言始于谣言的制造者，除少部分谣言是个人在网络平台上发表的言论不经意间演变成谣言外，大部分谣言都是由造谣者出于某种目的制造出来的。造谣者将谣言发布在 QQ、微博、微信等网络平台上，部分公众了解到谣言后对其进行转发、评论等，对谣言的内容加以自己的理解进行再传播，使得谣言出现各种不同的版本。基于此，谣言得到进一步扩散，影响范围也急剧扩大。最后，越来越多的人知晓并相信了谣言，进而采取一系列行动。例如，日本福岛核电站事故带来的抢盐风波。

3.2.2 网络谣言的传播模式

网络谣言多是以多渠道传播的，目前众多学者都认为网络谣言通常是以人际多向顺延的模式传播。初始阶段谣言以一对一的形式传播，继而发展成为一对多，使得谣言的传播速度越来越快，影响范围也急剧扩大。目前谣言的传播模式主要为链状模式、树状模式及漩涡型复式传播模式三种。①链状模式。链状模式是谣言传播的最基本模式，指的是谣言从一个人传播到另一个人，这种一环扣一环的传播过程是其根本所在。网络谣言最开始就是从造谣者传播给第一个谣言接收者再至第二人、第三人，从一台网络设备传递给另一台网络设备，这是谣言最根本的起源。②树状传播。树状传播是指谣言从一个人传到几个人，然后这几个人再传到一定数量的人群的传播模式。当一个人在某一社交媒体上转发了某条谣言后，他的所有关注者都会通过他知晓谣言，这其中有一部分人又会对谣言进行再次转发，使得谣言像滚雪球一样不断传递下去。这种传播模式具有传播迅速、信息量大、互动性强等特点，呈现出一种双向性、交叉性，其传播覆盖面以几何等级的速度增长。③漩涡型复式传播模式。这种模式融合口头传播、传统媒体、网络媒体、自媒体于一体，形成漩涡型复式传播。这种模式下网络谣言的传播不是以单一渠道进行的，往往既有人际传播，也有各种大众媒体、自媒体的交叉传播，因此渗透能力和影响人群的密度极高，能够产生极大的舆论影响效应。

3.2.3 网络谣言传播的影响因素

部分学者认为受众的同情心理、泄愤心理、从众心理、窥私心理、投射心理等是推动着谣言从发布、扩散到成为焦点的重要影响因素。沈超等（2016）则认为网络谣言本身的难以识别、网络的复杂性和时间性对网络谣言的传播也有着重要影响。而按照奥尔波特等人的观点，网络谣言的产生与事件的重要性和事件的模糊性有关。郭小安（2013）从政治学视角出发，通过对网络谣言的政治诱因进行剖析，认为在中国特定政治生态下，网络谣言除了和情感、理性有关，更与现实社会矛盾的积累、底层情绪的积压及制度化参与渠道不足有关。影响网络谣言传播的因素有很多，本书将其概括分为以下六个方面。

1）事件的模糊性对网络谣言的传播有着重要的影响。由于政府权威信息的缺失、滞后让人们无法从官方渠道获得足够的信息，导致网络谣言很容易就占据舆论的主导地位。例如，在2011年上演的全民抢盐风波就是因为人们对中国的海盐是否受到核辐射等相关信息十分模糊而导致的。人天生就有探求真相的心理，当人们对发生的事件无法得到充足的信息时，网络谣言的产生也就有其必然性。

2）谣言本身的受关注程度也是一重要影响因素。一般情况下，谣言的散布情形与受众的关心程度成正相关，如果谣言与受众生活本身直接有关，传播的速度往往会非常迅速。在我国，教育、医疗、住房等问题一直都是社会热点话题，与此相关的网络谣言也一直是层出不穷，散布范围相比于其他网络谣言的范围更加广泛。

3）社会环境在网络谣言的传播中也扮演着十分重要的角色。目前，我国社会正处于快速转型时期，贫富差距扩大、环境恶化、信任缺失等问题对公众都有着深刻影响，导致公众不安情绪泛滥，社会不同群体都对政府有关部门有着种种猜忌和不信任。从大量网络谣言案例来看，网络谣言频繁发生实质上与现实社会的矛盾、公众不满情绪的积压都有着密切的联系。

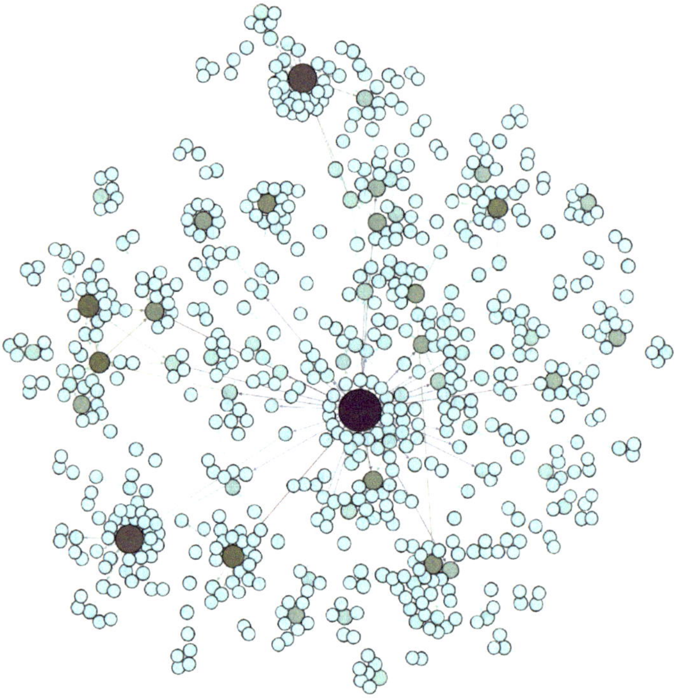

图 3.4　成熟期社交网络

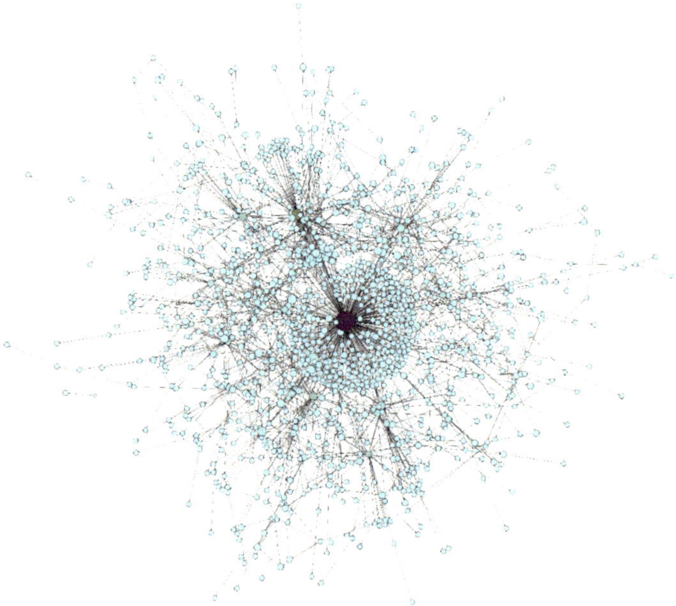

图 3.5　衰退期社交网络

3.4.3.3 PageRank 确定“意见领袖”

（1）PageRank 算法介绍

PageRank 模型最初的目的是为了实现网页在网络上的排名，因此该技术被广泛应用于网络搜索引擎设计中。PageRank 算法的中心思想是：如果一个网页被许多其他网页链接，那么它的权值就很重要。一般而言，一个网页的 PR 值计算过程如下：Mpi 是一组具有对 pi 网页出链的所有网页的集合，L(pj) 是网页的出链数量，N 是网页总数，α 通常为 0.85。根据上面的公式，我们可以计算出每一页的 PR 值，经过不断迭代，可得出最后的结果。由于 PageRank 模型本质上是对有向图中的节点进行级别计算的技术，所以它也适用于其他方面。若把微博平台的用户比作网络页面，应用 PageRank 算法测量微博用户的影响力时，只考虑了用户与用户之间的转发关系。Tunkelang（2009）利用 Twitter 用户节点之间的注意力关系，建立基于注意力关系的有向图，然后用 PageRank 模型成功地实现了对 Twitter 用户影响的排序。

（2）PageRank 算法优点

对“意见领袖”的识别一直是中外学者重点研究的方向，一般围绕着“社交网络中心分析”和“基于用户特征的分析”两个方向展开。“社交网络分析”主要站在结点全局性的角度进行讨论，忽略其对应特征，在对“意见领袖”进行判断时，往往采用等级阈值的排序方式，而“阈值”的设置则是研究者自己决定的，因此其结果具有很强的人为性和不确定性。本案例研究的只是一种转发关系，PageRank 算法考虑的只是一种单一的转发、关注、认可关系，完全没有考虑其他外部因素，如果将 PageRank 算法的思想融入社交网络分析中，以转发的影响力作为评价标准，并以转发影响最大的用户为簇，进行群集，确定意见“领袖群体”，就可以很好地确定“意见领袖”的范围。所以本案例利用 PageRank 算法可以很好地实现对“意见领袖”的识别。

（3）谣言微博扩散网络的演化分析

借助 PageRank 算法可以对应识别三个阶段的“意见领袖”，同样借助 Gephi 软件的开源特性，将对应的 PageRank 算法接入软件，即可快速识别三个不同阶段的“意见领袖”，在对应的可视化图中节点颜色越深代表其权重越高，其作为“意见领袖”在本案例谣言微博转发过程中影响力越大。因为图片较大，无法完整展示意见领袖的影响力。为方便比较，我们分别提取各个阶段影响力前十的“意见领袖”进行分析，完整名单如表 3.1 所示。

续表

生命周期阶段	各地微博转发量
成熟期	莆田(1) 三明(1) 临夏(1) 庆阳(1) 武威(1) 张掖(1) 汕尾(1) 防城港(1) 贵港(1) 河池(1) 贺州(1) 钦州(1) 安顺(1) 黔东南(1) 安阳(1) 平顶山(1) 商丘(1) 周口(1) 大兴安岭(1) 鹤岗(1) 黑河(1) 鸡西(1) 佳木斯(1) 绥化(1) 鄂州(1) 黄石(1) 潜江(1) 仙桃(1) 衡阳(1) 益阳(1) 永州(1) 张家界(1) 白山(1) 延边朝鲜族自治州(1) 宿迁(1) 抚州(1) 吉安(1) 萍乡(1) 新余(1) 丹东(1) 阜新(1) 葫芦岛(1) 辽阳(1) 盘锦(1) 营口(1) 赤峰(1) 通辽(1) 石嘴山(1) 中卫(1) 日照(1) 晋城(1) 晋中(1) 临汾(1) 运城(1) 长治(1) 安康(1) 汉中(1) 铜川(1) 延安(1) 榆林(1) 广元(1) 乐山(1) 凉山(1) 泸州(1) 自贡(1) 嘉义县(1) 临沧(1) 桃园县(1) 那曲(1) 昌吉(1) 石河子(1) 吐鲁番(1) 伊犁(1) 保山(1)
衰退期	北京(183) 上海(115) 广州(92) 南京(70) 武汉(51) 杭州(45) 成都(40) 济南(36) 重庆(33) 深圳(29) 天津(24) 郑州(22) 福州(21) 西安(17) 沈阳(16) 合肥(15) 南宁(15) 长沙(14) 南昌(13) 温州(13) 石家庄(12) 哈尔滨(12) 青岛(11) 苏州(10) 大连(10) 厦门(8) 呼和浩特(8) 乌鲁木齐(8) 连云港(7) 太原(7) 昆明(7) 宁波(7) 东莞(6) 贵阳(6) 海口(6) 长春(6) 无锡(6) 济宁(6) 香港(6) 兰州(5) 佛山(5) 中山(5) 淄博(5) 拉萨(5) 泉州(4) 江门(4) 保定(4) 沧州(4) 常州(4) 徐州(4) 扬州(4) 银川(4) 烟台(4) 安庆(3) 澳门(3) 湛江(3) 洛阳(3) 齐齐哈尔(3) 嘉兴(3) 台州(3) 宣城(2) 南平(2) 莆田(2) 惠州(2) 揭阳(2) 茂名(2) 珠海(2) 北海(2) 柳州(2) 铜仁(2) 邯郸(2) 邢台(2) 张家口(2) 大庆(2) 黄石(2) 荆州(2) 襄阳(2) 宜昌(2) 邵阳(2) 淮安(2) 盐城(2) 赣州(2) 吉安(2) 九江(2) 玉树(2) 东营(2) 临沂(2) 忻州(2) 德阳(2) 南充(2) 金华(2) 绍兴(2) 亳州(1) 淮南(1) 马鞍山(1) 铜陵(1) 龙岩(1) 漳州(1) 白银(1) 潮州(1) 河源(1) 梅州(1) 汕头(1) 肇庆(1) 桂林(1) 安顺(1) 黔东南(1) 黔南(1) 三亚(1) 衡水(1) 秦皇岛(1) 唐山(1) 鹤壁(1) 南阳(1) 平顶山(1) 商丘(1) 信阳(1) 牡丹江(1) 荆门(1) 十堰(1) 孝感(1) 衡阳(1) 通化(1) 延边朝鲜族自治州(1) 南通(1) 镇江(1) 萍乡(1) 上饶(1) 宜春(1) 鞍山(1) 锦州(1) 辽阳(1) 鄂尔多斯(1) 德州(1) 聊城(1) 潍坊(1) 晋城(1) 安康(1) 宝鸡(1) 达州(1) 眉山(1) 绵阳(1) 台北市(1) 阿勒泰(1) 塔城(1) 伊犁(1) 楚雄(1) 怒江(1) 衢州(1) 舟山(1)

3.4.4.2 数据可视化

(1) ArcGIS 数据准备

第一步：先将三个阶段的微博转发数据导入不同的 Excel 文件中，分别命名为“growth”“maturity”“decline”，再将三个阶段的微博转发数量进行统计后生成“all_number”文件。

第二步：由于初始数据分成两个 shape 文件，所以先将两个文件进行合并，命名为“city_all”。

第三步：将“city_all”文件与表“growth”进行关联，关联时选择“仅保留匹配记录”，关联成功后重新导出为一个新的 shape 文件，命名为“growth_1”。然后取消“city_all”的所有连接操作。再以相同方式处理另外两个文件，共得到“growth_1”“maturity_1”“decline_1”三个文件。

（2）ArcGIS 生成三个时期的热点图

选择 ArcToolBox 中的核密度分析，用各地的微博转发数量作为“population”字段的参数，并设置环境变量，生成热点图后，更改属性分段方式选择自然间断点分级法，分成 8 类。将三个时段进行同样操作，即可生成三个不同阶段的热点图。

3.4.4.3 热点扩散区域分析

将三个时期的各地转发数量统计结果进行图形可视化（图 3.6 ~ 图 3.8），可以更清楚地发现一些规律。

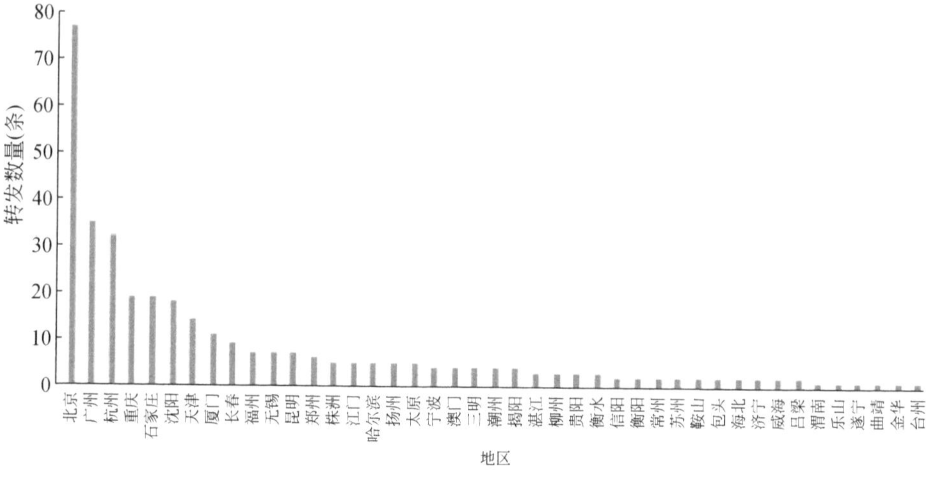

图 3.6 成长期部分地区转发排名

注：因涉及转发地太多，无法在一个图中直观呈现，本图只选取部分地区的数据展示，下图同

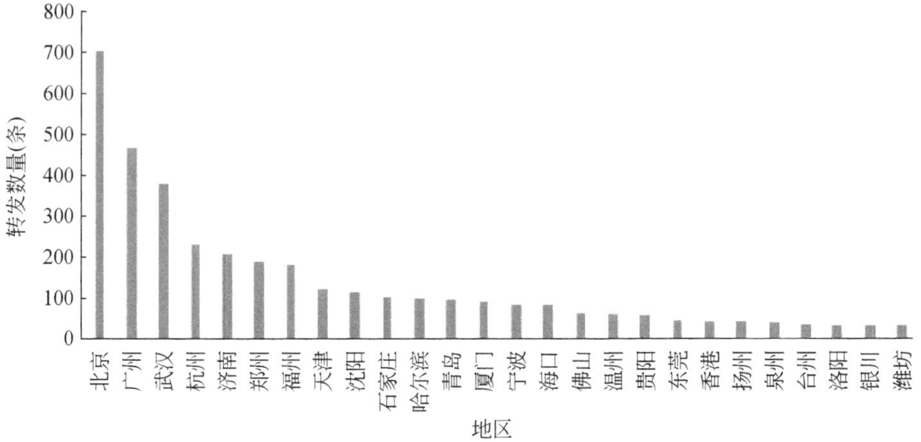

图 3.7　成熟期部分地区转发排名

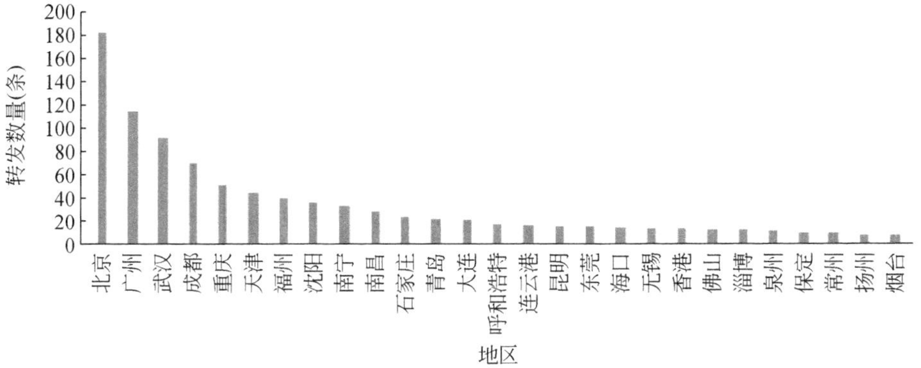

图 3.8　衰退期部分地区转发排名

对表 3.2、图 3.6 ~ 图 3.8 的结果整理可知，北京、广州、上海、南京、深圳、武汉、杭州、成都、重庆等 9 个城市在三个阶段内的转发数量稳居前九；北京、广州、上海、南京第 4 个城市在三个阶段的转发量数量最高，并且转发数量的高低顺序基本不变，并未随着时期的变化而改变；而后 5 个城市（深圳、武汉、杭州、成都、重庆）转发数量的高低顺序在三个阶段略有变化。

进一步对表 3.2 数据进行梳理，可以发现：全阶段微博谣言转发数量大于零的地区为 289 个；成长期阶段微博谣言转发数量大于零的地区为 86 个；成熟期阶段微博谣言转发数量大于零的地区为 273 个；衰退期阶段微博谣言转发数量大于零的地区为 150 个。由此可以看出，虽然谣言扩散的成熟期阶段时间跨度较低，但这一时期谣言的转发数量激增，占比达 95% 左右，而且其影响范围几乎涵盖了整个阶段的影响范围。

在成长期阶段，受谣言影响最大的城市主要有北京、上海、广州、南京（简称北上广南）以及附近城市，而华中、西南地区的城市（武汉、长沙、成都、重庆）所受影响相对北上广南城市较小，而且沿海地区的城市也有部分影响。在此阶段中部地区内只有江西省内无任何微博用户对该谣言进行转发，所以在图像上显示为空白。该阶段微博谣言的影响范围较小。

在成熟期阶段，微博谣言影响范围进一步扩大，从局部影响范围扩大至大半个中国。其中，北京市、上海市、广东省、江苏省、山东省、安徽省、浙江省被全覆盖。密度较大的地区或受影响较大的城市与成长期阶段相比较，并未发生很大的变化，依旧集中在部分地区。

在衰退期阶段，微博谣言的影响逐渐消退，影响范围减小，但仍以北上广南四个城市为影响最大的城市，华中地区和沿海仍受到影响，而距离信息城市较远的城市微博谣言的影响逐渐消退乃至消失。

3.4.5 相关性检验

3.4.5.1 相关因素假设

（1）地理距离

经过上文初步分析判断可以发现，城市与信息源城市的地理距离远近与谣言微博的转发数量大小存在一定的相关性。

（2）城市发展水平

在本案例中，转发量较大的城市有 9 个（北京、上海、广州、南京、深圳、武汉、杭州、成都、重庆）。根据新一线城市研究所发布的《2019 城市商业魅力排行榜》，其中北京、上海、广州、深圳属于一线城市，而南京、武汉、杭州、成都、重庆属于新一线城市，所以可以初步判断受该微博谣言的影响大小（各城市微博转发量的多少）可能受城市的发展水平的影响。

（3）各城市“意见领袖”数量

经上文分析可知“意见领袖”对于谣言信息的扩散起着重要作用，由于本案例没有对“意见领袖”的影响力大小进行分析，故只分析“意见领袖”的数量与谣言信息转发量之间的关系。

3.4.5.2 地理距离数据准备与编码

（1）ArcGIS 数据准备

因为谣言发生在贾晓月返回南京后，所以本案例将南京市作为谣言始发城市。

第一步，打开“city_all”文件的属性表，选中“南京市”，并导出数据另存为“南京市”；第二步，从地理处理中选择缓冲区，输入要素选择“南京市”，线性单位选择“千米”，并输入缓冲区半径为500，生成shape文件“南京市500km范围”；第三步，从地理处理中选择相交，输入要素选择“all_number”和“南京市500km范围”，生成shape文件“500km范围的城市”，并将属性表数据以文本文件的格式导出；第四步，1000km、1500km、2000km及2000km以上同第三步操作。

（2）数据处理及编码

将与南京市相距不同范围内的城市进行统计，然后逐一进行等距编码，具体如表3.3所示。

表3.3　各城市与信息源城市南京的距离分布统计及相应编码

距离范围	相应距离范围内城市	编码
0～500km	上海 杭州 宁波 青岛 苏州 武汉 常州 合肥 嘉兴 金华 南昌 南通 绍兴 温州 无锡 徐州 扬州 台州 安庆 蚌埠 滁州 阜阳 湖州 淮安 济宁 九江 丽水 连云港 临沂 马鞍山 商丘 上饶 泰安 泰州 芜湖 信阳 宿迁 盐城 镇江 舟山 亳州 菏泽 淮南 黄冈 黄山 黄石 六安 衢州 日照 铜陵 咸宁 孝感 宿州 宣城 枣庄 周口 驻马店 巢湖 池州 鄂州 淮北 莱芜 漯河	1
500～1000km	北京 天津 西安 长沙 郑州 大连 福州 济南 泉州 厦门 石家庄 太原 烟台 保定 沧州 潮州 郴州 赣州 邯郸 衡阳 揭阳 荆州 廊坊 龙岩 洛阳 梅州 南平 南阳 宁德 莆田 秦皇岛 三明 汕头 唐山 威海 潍坊 咸阳 湘潭 新乡 宜昌 岳阳 漳州 淄博 安阳 滨州 常德 承德 德州 东营 抚州 怀化 吉安 焦作 晋中 开封 聊城 临汾 娄底 平顶山 韶关 邵阳 十堰 渭南 邢台 许昌 宜春 益阳 永州 运城 安康 澳门 鹤壁 衡水 葫芦岛 晋城 荆门 吕梁 萍乡 三门峡 朔州 铜川 忻州 新余 延安 张家界 长治 株洲	2
1000～1500km	广州 深圳 成都 东莞 沈阳 重庆 佛山 贵阳 惠州 兰州 南宁 长春 中山 珠海 鞍山 包头 桂林 呼和浩特 吉林 江门 柳州 绵阳 清远 银川 湛江 肇庆 遵义 安顺 百色 宝鸡 毕节 赤峰 大同 丹东 德阳 鄂尔多斯 河源 锦州 乐山 泸州 茂名 眉山 南充 盘锦 黔东南 黔南 汕尾 铜仁 梧州 阳江 宜宾 榆林 玉林 张家口 阿拉善盟 巴彦淖尔市 巴中 白山 白银 达州 阜新 广元 贵港 汉中 河池 贺州 辽阳 临夏 庆阳 石嘴山 遂宁 台北 天水 通化 通辽 锡林郭勒盟 香港 营口 云浮 中卫 资阳 自贡	3

续表

距离范围	相应距离范围内城市	编码
1500～2000km	昆明 哈尔滨 海口 大庆 三亚 北海 大理 红河 佳木斯 丽江 牡丹江 齐齐哈尔 曲靖 绥化 西宁 楚雄 防城港 果洛 海北 鹤岗 呼伦贝尔 鸡西 凉山 钦州 松原 武威 雅安 延边朝鲜族自治州 玉溪 张掖 昭通	4
2000km 以上	乌鲁木齐 保山 拉萨 阿勒泰 阿里 巴音郭楞 昌吉 大兴安岭 克拉玛依 林芝 临沧 那曲 怒江 日喀则 塔城 吐鲁番 伊犁 玉树	5

3.4.5.3 城市发展水平数据准备与编码

根据《2019 城市商业魅力排行榜》内的城市分类，将数据整理并写入 Excel 中，并对相应的城市等级进行编码，如表 3.4 所示。

表 3.4 城市发展水平统计及相应编码

城市发展水平	城市名称	编码
一线城市	北京 广州 上海 深圳	1
新一线城市	成都 东莞 杭州 昆明 南京 宁波 青岛 沈阳 苏州 天津 武汉 西安 长沙 郑州 重庆	2
二线城市	常州 大连 佛山 福州 贵阳 哈尔滨 海口 合肥 惠州 济南 嘉兴 金华 兰州 南昌 南宁 南通 泉州 厦门 绍兴 石家庄 太原 温州 无锡 徐州 烟台 扬州 长春 中山 珠海 台州	3
三线城市	安庆 鞍山 蚌埠 包头 保定 沧州 潮州 郴州 滁州 大庆 阜阳 赣州 桂林 邯郸 衡阳 呼和浩特 湖州 淮安 吉林 济宁 江门 揭阳 荆州 九江 廊坊 丽水 连云港 临沂 柳州 龙岩 洛阳 马鞍山 梅州 绵阳 南平 南阳 宁德 莆田 秦皇岛 清远 三明 三亚 汕头 商丘 上饶 泰安 泰州 唐山 威海 潍坊 乌鲁木齐 芜湖 咸阳 湘潭 新乡 信阳 宿迁 盐城 宜昌 银川 岳阳 湛江 漳州 肇庆 镇江 舟山 淄博 遵义	4
四线城市	安顺 安阳 百色 宝鸡 保山 北海 毕节 滨州 亳州 常德 承德 赤峰 大理 大同 丹东 德阳 德州 东营 鄂尔多斯 抚州 河源 菏泽 红河 怀化 淮南 黄冈 黄山 黄石 吉安 佳木斯 焦作 锦州 晋中 开封 拉萨 乐山 丽江 聊城 临汾 六安 娄底 泸州 茂名 眉山 牡丹江 南充 盘锦 平顶山 齐齐哈尔 黔东南 黔南 衢州 曲靖 日照 汕尾 韶关 邵阳 十堰 绥化 铜陵 铜仁 渭南 梧州 西宁 咸宁 孝感 邢台 宿州 许昌 宣城 阳江 宜宾 宜春 益阳 永州 榆林 玉林 运城 枣庄 张家口 周口 驻马店	5

续表

城市发展水平	城市名称	编码
五线城市	阿拉善盟 阿勒泰 阿里 安康 澳门 巴彦淖尔市 巴音郭楞 巴中 白山 白银 昌吉 巢湖 池州 楚雄 达州 大兴安岭 鄂州 防城港 阜新 广元 贵港 果洛 海北 汉中 河池 贺州 鹤壁 鹤岗 衡水 呼伦贝尔 葫芦岛 淮北 鸡西 晋城 荆门 克拉玛依 莱芜 凉山 辽阳 林芝 临沧 临夏 漯河 吕梁 那曲 怒江 萍乡 钦州 庆阳 日喀则 三门峡 石嘴山 朔州 松原 遂宁 塔城 台北 天水 通化 通辽 铜川 吐鲁番 武威 锡林郭勒盟 香港 忻州 新余 雅安 延安 延边朝鲜族自治州 伊犁 营口 玉树 玉溪 云浮 张家界 张掖 长治 昭通 中卫 株洲 资阳 自贡	6

3.4.5.4 意见领袖数量数据准备

统计各城市的“意见领袖”数量，结果如表3.5所示。

表3.5 各城市“意见领袖”数量

城市	“意见领袖”数量	城市	“意见领袖”数量
北京	34	福州	3
广州	25	沈阳	2
上海	23	东莞	2
深圳	19	昆明	2
武汉	19	济南	2
南京	16	厦门	2
成都	15	合肥	2
杭州	11	南昌	2
重庆	11	南宁	1
西安	9	温州	1
苏州	8	无锡	1
郑州	6	大连	1
天津	5	佛山	1
青岛	4	哈尔滨	1
长沙	3	太原	1
宁波	3		

将统计好的数据导入 spss18.0 中，进行相关性分析，得出结果如表 3.6 所示。

表 3.6 相关性分析结果汇总

	地理距离	城市发展水平	意见领袖数量
转发数量	-0.687 **	-0.774 **	0.954 **

** 代表 Pearson 相关性在 0.01 水平（双侧）上显著相关

由分析结果可知，城市“意见领袖”数量与转发数量之间显著正相关，相关系数为 0.954，表示城市“意见领袖”数量的增加会对转发数量的增加产生极强的正向影响；城市距离与转发数量之间具有显著负相关性，相关系数为 -0.687，说明随着城市距离的增加，用户转发数量会减少；城市等级与转发数量之间也具有显著负相关性，相关系数为-0.774。由于对城市等级编码时，数值越小，表明城市等级越高，即城市等级最高的一线城市，其编码值是最小的；城市等级最低的五线城市，其编码值最大。因此，该结果可以理解为，编码数值越大的小城市，其城市等级越低，用户转发数量越少。

3.5 本章小结

网络谣言的扩散随着时间变化会经历成长期、成熟期、衰退期。在微博平台上，谣言信息进入成熟期前会有一段缓慢的成长期，若政府和微博平台管理者能够在这段时间进行谣言信息处理，可以将谣言扼杀在摇篮里。

实证结果表明，从社交网络角度来看，谣言扩散的特征在于谣言扩散时呈明显的节点中心性特征，且几个不同阶段的“意见领袖”的重叠度较高，“意见领袖”的数量与谣言转发量之间具有极强的正向相关性。也就是说，网络谣言的扩散与平台上“意见领袖”扩散的幅度关系紧密。处于谣言扩散不同时期中，最具影响力的几个“意见领袖”基本没变化，说明随着谣言信息的不断扩散，这批“意见领袖”的影响力是持续的。因此，政府进行网络谣言管控时，可以着重考虑对“意见领袖”的引导，也可以发动“意见领袖”发布辟谣信息，以起到积极地抑制谣言扩散的作用。

从空间地理角度来看，谣言扩散具有以下特征：①结合地理距离来看，在谣言扩散初期，网络谣言会以谣言首发地为中心向周围城市进行扩散，具有一定的空间相关性。②网络谣言的扩散程度与城市发展水平具有较强的正向相关关系。城市的发展水平越高，信息扩散强度越大。在网络谣言扩散的整个阶段中，谣言扩散会以高转发量的城市为核心，向周围城市扩散，而这些城市往往是信息、经济发展水平较高的一线或二线城市，所以政府和媒体可以在谣言产生后，着重关注一线城市和二线城市的谣言扩散情况，加强这些城市的信息审核和监管力度。

本章研究存在一定的不足之处。例如，①本研究中的实证数据主要来自微博。受制于用户隐私保护，抓取的表征个人地理位置的数据是用户自己填写的地点数据，由于无法获取微博用户发微博的实时地理位置信息，可能对数据的分析结果有一定影响。②本研究通过 PageRank 算法识别“意见领袖”。由于 PageRank 算法自身存在一定的缺陷，只能通过单一的交互行为（如只能研究点赞、评论、转发等单一行为）来识别出“意见领袖”，无法通过分析两种以上的交互数据来识别“意见领袖”。在本研究中，主要依据转发行为来识别“意见领袖”，虽尽量遵循数据的客观性，但相较于辟谣微博本身的扩散路径而言仍是不充分的，需在后续研究过程中不断完善。

本章参考文献

安士伟 . 2014. 网络谣言的生成原因及其治理［J］. 学习论坛，30（2）：65-67.
奥尔波特 . 2003. 谣言心理学［M］. 刘水平，译 . 沈阳：辽宁教育出版社 .
程萍，靳丽娜 . 2013. 网络谣言的传播及控制策略［J］. 编辑之友，（8）：79-81.
郭小安 . 2013. 网络谣言的政治诱因：理论整合与中国经验［J］. 武汉大学学报（人文科学版），66（3）：120-124，129.
何雨，陈丽君 . 2012. 论网络谣言的形成机制及其治理对策［J］. 南京工业大学学报（社会科学版），11（3）：100-104.
黄建 . 2013. 论网络谣言的协同防治［J］. 中南大学学报，（3）：105-108.
江茜 . 2015. 网络谣言的特点及治理对策研究［J］. 新闻研究导刊，6（7）：164，185.
姜胜洪 . 2012. 网络谣言的形成、传导与舆情引导机制［J］. 重庆社会科学，（6）：12-20.
李昕然，李向前 . 2017. 论网络谣言的特征及其法律治理［J］. 法制博览，（32）：125-126.
梁芷铭 . 2014. 基于新浪微博的网络信息生命周期实证研究［J］. 新闻界，（3）：60-64，69.
孟鸿，何燕芝 . 2012. 受众心理分析视角的网络谣言治理［J］. 重庆社会科学，（10）：56-61.
沈超，朱庆华，朱恒民 . 2016. 网络谣言话题传播与网民行为协同演进研究［J］. 情报科学，34（5）：118-124.
孙丽，余建华 . 2014. 网络谣言的特征、成因与治理［J］. 电子政务，（4）：70-75.
孙丽 . 2015. 网络谣言的类型与特征［J］. 电子政务，（1）：18-23.
王锁明 . 2012. 基于社会心理视角的网络谣言成因分析［J］. 观察与思考，（9）：44-47.
王晰巍，邢云菲，赵丹，等 . 2016. 移动环境下网络舆情信息传播路径及传播规律研究［J］. 情报理论与实践，39（9）：107-113.
王振涛 . 2015. 当代社会网络谣言发展过程及影响因素探究［D］. 北京：中国青年政治学院硕士学位论文 .
徐文锦，黄毅峰 . 2017. 网络谣言：社会影响与治理路径［J］. 中共天津市委党校学报，

19（2）：45-51，67.
于培培 . 2014. 网络谣言的成因、表现及治理［D］. 郑州：河南大学硕士学位论文 .
袁谅 . 2018. 微信谣言的受众心理研究［J］. 传播力研究，2（7）：48-49.
翟敏 . 2018. 互联网语境下的谣言成因及对策分析［J］. 新闻研究导刊，19：48-49.
Tunkelang D. 2009. A twitter analog to pagerank［EB/OL］. http://thenoisychannel. com/2009/01/13/a-twitter-analog-to-pagerank[2019-11-20].

4 政府辟谣信息的扩散

社交网络平台因其具有传播中心的多元化、受众的广泛性、传播内容的自由化和个性化、传播方式的平民化、传播渠道的多样化和快速化等优点，已经成为网民表达观点和诉求的便捷渠道之一。社交网络的兴起推动了网络谣言的发展，极易导致不实网络热点事件迅速爆发，给社会稳定、公共秩序及个人生活带来冲击和影响。而与谣言相伴而生的辟谣信息就尤为重要，辟谣信息的传播直接影响辟谣的效果，辟谣效果直接影响政府的公信力，及时辟谣以澄清事实，不仅能够充分化解民众情绪，维护社会稳定，还能在一定程度上预防公共危机事件的发生。目前关于辟谣的研究，很大一部分是基于传播学、统计学、社会心理学、系统仿真等学科理论的单一视角进行展开。然而，这类研究结论所提供的相关应对措施仅能作为实际辟谣工作中的方法参考，难以预见辟谣工作的实际效果。基于此，本章研究将从多视角分析政府辟谣信息的扩散，挖掘辟谣信息扩散特征，发掘其内在扩散影响因素和机理。本章将具体阐述政府辟谣信息扩散中的两类现象并进行案例的实证分析，以期为日后应用性的网络谣言监测预警系统提供基础，为管理决策提供依据。

4.1 政府辟谣信息及其功能

4.1.1 政府辟谣信息的定义

辟谣信息是指针对特定谣言的、以澄清事实真相为目的而发布的信息，信息呈现形式多样。辟谣信息发布主体可以是与谣言相关的个人，也可以是媒体、社团或政府等。政府辟谣信息是指政府部门或受委托的组织（人员）。发布的以澄清事实真相为目标的信息。它受到官方认证，是一种纠正性信息，纠正的是与事实不符的虚假信息。为了降低谣言信息的危害，政府部门或权威媒体及时、有效地发布辟谣信息成为谣言管控最有效的方式之一，这些辟谣信息不仅有利于防范谣言误导民众，还有利于净化网络信息传播环境。

对政府辟谣信息的理解可以从狭义和广义两个层面展开。狭义上，政府辟谣信息是指由政府这一特定主体发布的辟谣信息，在发布时机、内容组织、平台选择等方面会有明显特点。但在实际调研过程中，通过各方面数据采集的实际情况来看，我们发现，由各级各类政府机构或工作人员原创发布的辟谣信息只占据辟谣信息的一小部分，更多时候，政府会通过转发、@关注或链接官方新闻媒体发布的真实信息，来表达对真实信息的支持与关注，从而达到辟谣的目的。因此，从广义上而言，政府辟谣信息并不局限于政府发布，无论是直接由政府发布，还是由政府转发、转述的其他媒体机构或公众发布的，以澄清谣言为目的的信息，都可认为是政府辟谣信息。

4.1.2 政府辟谣信息的功能

政府辟谣是指官方组织在某一时间和空间内对没有被证实的信息的澄清（赵哲和李大勇，2015）。伴随着网络社交媒体的迅速发展，谣言的传播空间不仅仅是在现实生活中，更多的是以互联网为媒介的线上形式传播，因此互联网空间更是辟谣的关键空间。这也导致传统的线下政府辟谣无法达到良好的效果，因而政府需要和各大社交媒体配合进行线上辟谣。据《2019 年政务指数·微博影响力报告》显示，“中国警方在线”“共青团中央”“中国消防”在网络舆情治理方面有着卓越的成效。而且，政府作为第三方进行辟谣时，具有很好的辟谣效果。公权力介入谣言治理具有其独具的优势，以强制力为后盾，较其他一切社会组织而言，具有更强的权威性（祝崔南，2019）。

移动新媒体为公众获取、讨论、转发、评论相关公共事件和宣泄情绪搭建了公共空间。政务新媒体是政府辟谣的主力，也是政府辟谣信息发布和传播的主要渠道，政务新媒体在辟谣中体现了独特的辟谣功能优势和鲜明的媒介行为特征。政务新媒体通过媒体平台创造了互相连通且互相作用的子场域，构建了一种存在于网络空间和现实社会之间的有紧密联系的复杂公共场域。多元化主体在这些场域进行信息交流和思想碰撞，多元价值和观点的输出碰撞为辟谣提供了物理空间，强化了信息的发布，从根本上强化了辟谣信息的传播效能。

在网络谣言传播的不同时期，政府需要采取不同的方法和策略进行有效的辟谣。在前期，通过网络媒体监管实时监测，实现线上和线下联动；在中期，面对爆发的谣言，政府需要分析谣言，多渠道紧急辟谣；在后期，继续实时监测，进一步剖析谣言，妥善处理谣言事件（呼雨等，2012）。辟谣的时机策略、辟谣渠道策略、辟谣主体策略和辟谣内容策略是辟谣过程中重要的四个策略（唐雪梅和赖胜强，2018）。政府在辟谣的过程中也需要注意一些问题，防止出现一些不良状况。例如，政府辟谣的速度不是越快越好，辟谣信息要留有余地，等等（蒲珏伶和郭小安，2014）。

4.2 辟谣信息的扩散特征

4.2.1 社会网络特征

社会学家格奥尔特认为，社会是一群因相互作用联系到一起的个体的统称。在虚拟网络中，网民通过借助自媒体媒介互动联系起来，形成一个具有社会关系的网络。社会网络分析法在网络舆情研究中应用广泛，其“中心领袖”寻找的便捷性，使得其在辟谣研究中也得到广泛实践。学者通常借助社会网络分析中的点的中间中心度、点度中心度、点的影响力和点的接近中心度四个基本指标，从网络信息流通角度研究各类政务媒体在社会网络体系中所承担的重要作用，分析其网络结构。“意见领袖”作为网络中的核心节点，拥有着较强的“话语权”，影响力较大，也是辟谣信息扩散的重要主体之一（李森和王梦甜，2019）。此外，也有研究发现，政务微博社会网络内会凝聚成多个子群（李志红和邢晓燕，2019）。

通过对已有案例数据进行时序划分，我们发现，网络谣言信息的转发需要经过一段时期的沉淀才会引发并爆发，但辟谣信息在其发布之初就会直接进入爆发期，并在短时间内引发大量转发，在一段时间内转发量达到峰值，随后开始下降。这个过程持续的时间一般较短，但如果在此期间遇到某“大V博主”或者明星用户的转发有可能会导致第二次转发高峰的出现，之后便会继续波动下降直至消散。

在整个网络辟谣信息扩散生命周期中，影响力最大的两类主体为政务微博及部分“大V博主”与明星用户。结合典型案例的辟谣微博转发时序图，我们发现，辟谣信息首先由部分政务微博转发，然后经过部分“大V博主”及明星用户传播，接着进入普通用户的个人社交领域扩散至消散。其传播路径可大致描述为：政务微博—“大V博主”及明星用户—普通用户。此外，“大V博主”、明星群体及地方性政务微博可能携带一部分的地域属性，会引发其所在区域内普通用户的转发，但是由于转发交互行为是单向的，各阶段辟谣转发信息网络密度较低。

4.2.2 地理信息特征

随着GIS工具性能的不断完善，空间数据隐含的底层信息丰富性不断增强

（尤其是通过在线社交网络生成的地理空间数据标签的抓取），越来越多的学者开始试图将基于地理信息及其可视化当作一种重要的研究分析方式。无论是基于地理信息系统更新基础上的图文可视化，还是和行动阈限相关的网络地理计算结果的对应视觉动态呈现，都可展现出空间可视化和多学科门类交叉的可行性与适用性。

虽然互联网的瞬时性和有效性克服了地理距离对信息传播的阻碍，但是信息的产生者与传播者自身往往是携带地理信息这一特征，地理距离仍然起着不可忽略的作用。

国内外相关研究表明，地理因素在社交媒体网络上的空间扩散过程中仍很重要（王丽英，2016；徐迪，2019；Chen et al.，2017）。在地理空间的影响之下，辟谣信息在线扩散时也会存在空间上的分布规律。

辟谣信息扩散总体是呈现从辟谣事件发生地向全国扩散，从沿海等一线城市向中部辐射的状态，在后面两个阶段辟谣信息基本覆盖到我国的大部分城市。从地理距离数据上分析发现，距离越远对信息扩散影响也越弱。另外，信息扩散的节点城市的转发量与其经济发展水平具有很强的相关性，总的来说经济水平越高的城市，其总转发数越高；整体的空间辟谣信息扩散现象表现为局部密集。

4.3 政府辟谣信息扩散中的两类现象

政府发布辟谣信息，对谣言进行阻断、覆盖的过程中，公众对此会形成接受或质疑两种反应。由于技术环境的限制，在传统媒体主导的时代，政府辟谣信息扩散时，会出现“沉默的螺旋”现象；而社交媒体时代，技术的发展，会呈现“反沉默的螺旋”现象。

在传统媒体中，谣言出现后，社会公众主要单方面地从纸质媒体上获取信息，是单纯的信息“接受者”，基于信息传递的局限性，社会公众发表个人观点也仅限于邻里、同事、好友、同学间的交谈议论，很难形成带有导向性的观念传播。此时，媒体舆论体现出大多数公众的意见，而公共媒体能够明显增强“沉默的螺旋”效应。

在社交媒体环境下，技术的发展带来了公众话语权的变化。社会公众不再仅仅是单方面的信息“接受者”，更多地成为可以自由地与其他人交互、反馈的参与者，社会公众之间的交流以信息网的形式愈发扩大。因此，公众言论的高自由性、强交互性也使得“沉默的螺旋”现象开始出现了相悖的情况，处于“沉默的螺旋”角落的所谓的“弱势少数派”群体，会变得主动地与所谓“强势主流”群体进行抗争，“反沉默的螺旋”开始蓄积到逐渐形成，但“反沉默的螺旋”带

求，并确立了“全面提高网络治理能力，营造清朗的网络空间”的网络空间治理的总目标。我国的政治环境呈现出促进互联网发展、加强网络空间治理的利好趋势，给予了公众言论高度的自由，间接地对公众敢于发声的行为予以促进和支持。

其次，经济的发展为公民自由表达提供了物质保障和经济可能。自改革开放以来，我国的社会经济全面、快速发展，取得了举世瞩目的成就。新时期我国经济发展也由高速增长阶段转向高质量发展阶段，这说明我们当前所处的经济环境并不是单纯地追求数量的快速增加，而是更关注各行各业的高质量发展、全面发展。经济与生活不可分割，而社会公众是生活的主体，我国经济的全面发展最直接地表现在了公众的生活不断改善，越来越多的公众有能力去购买手机、平板等通信娱乐工具，也有兴趣去参与更多时事热点的讨论。据我国工业和信息化部公布的最新数据显示，我国移动手机使用人群总数已达到15.7亿户。这也间接影响了舆论的用户参与量，间接地影响着“反沉默的螺旋”现象的产生。

再次，网络环境的变化为公众自由表达提供了直接技术支持。如果说政策方面的支持与经济环境的改善是网络舆论中“反沉默的螺旋”现象产生的根本条件，那么网络环境的变化则是导致其形成的直接条件。以前，公众的社交网络是以传统媒体为主要传播媒介，每个传播节点扩散的影响力是微弱且可控的。而随着网络的发展与普及，公众的社交网络是“无形”的互联网网络，每个传播节点的影响力在网络媒体平台上被无限扩大，且个人与个人之间无所谓是否相识，无所谓个人自身的身份、年龄、性别、职业、学历、爱好等方面的限制。只要有互联网的存在，公众的观点发送到网络媒体或社交平台上，就有可能被传播和扩散，从而进一步扩大舆论，带来了更多的不确定性，直接地影响着“反沉默的螺旋”现象的产生。

4.3.3.2 关键用户节点

关键用户节点主要包括三大类：新型主流媒体、网络“意见领袖”、中坚分子。

（1）新型主流媒体

主流媒体，即党和政府领导下的报刊和广播电视机构。随着互联网的不断发展，多媒体用户社交平台的接踵创建，新型主流媒体的概念开始形成，同时这也是传统主流媒体的转型。新型主流媒体现在并没有明确的单一概念，笔者将其定义为党和政府领导下的各个通过网络进行信息发布等信息传播行为的平台或渠道。

政府作为国家进行统治和管理的机关，是在公共领域内国家表示态度、处理事务的机关，在公众心中有着非常高的公信力，是公众信任的“权威”。新型主流媒体账号即党和政府领导下的机构或报刊在网络社交平台上开通的官方账户，其有较为鲜明的政务性，且对于政府信息公开、网络舆论引导、突发事件回应处理等网络大事件发挥着非常重要的作用。基于其自身的特殊性，在对于突发事件的信息公开及所对应的网络舆情控制与引导上，如果新型主流媒体账号发布了任何相关信息都会带来非常高的关注度，这对于整个舆情的走向起着直接性的引导作用。

（2）网络“意见领袖”

网络“意见领袖”又称“网络舆论领袖”，是在网络信息传播过程中，有着非常大的影响力的个人。“网络意见领袖”可能是在社交媒体平台上众多粉丝关注的知名博主，也可能是“大V博主”“微信大V”“时评大牛”等有着非常高的关注度的个体。

网络谣言在传播之初，一旦受到热议，会引起“网络意见领袖”的关注，他们的转发和评论等行为会对网络谣言引起的网络舆论有着推波助澜的作用。网络“意见领袖”的评论内容或发表的与谣言主题相关的内容虽然没有相当的权威性和公信度，但因其与粉丝之间建立的是一种基于粉丝的喜欢、崇拜、追随等偏向于赞同的关系，粉丝会有极大的可能也直接追随着网络“意见领袖”的评论或发表的相关内容中表达的态度。网络“意见领袖”对于突发事件的评论或发表的相关内容一定程度上影响着公众对事实的判断和表达的态度，影响着“反沉默的螺旋”现象。

（3）中坚分子

德国学者伊丽莎白·诺埃尔·诺伊曼在20世纪80年代描述“沉默的螺旋”现象时曾提出“中坚分子”的概念，认为他们是在“沉默的螺旋”现象中当事件的舆论在不断沉默螺旋过程中不惧威胁和孤立的一群少数人。现如今，“中坚分子”一词在汉语词典中的释义为“起带头作用或核心作用的人”。结合诺伊曼教授以及Glynn教授、Mcleod教授的释义，本研究定义“中坚分子”为在“沉默的螺旋”与“反沉默的螺旋”不断的交替中无论外界的态度如何依然保有清晰逻辑并坚持自己的人。

“中坚分子”同时也是舆论在网络间传播时的活跃分子，但其与所谓的“意见领袖”不同的是，“中坚分子”自始至终都会坚持自己的观点，不为外界媒体、公众趋势所动，而“意见领袖”则可能会因为各种原因改变自己的观点，也就是说“意见领袖”在舆论中的观点在不同的阶段而发生着变化，但其每一个观点都会带来不小规模的跟随和认同。现在网络时代的“意见领袖”也有可能是“中坚分子”。

4.3.3.3 时间累积效应

在舆情的萌发阶段，有关舆情的信息最早仅仅是从突发事件的正在经历者的自述或是真实旁观者的描述，或是官方的新闻报道中得到的，随即舆情得到公众关注。但无论是哪一方的描述，都不具有百分百的真实性和权威性，事件还需进一步调查。随着时间的推移，舆情在爆发阶段，往往是有关突发事件起因的调查情况有了新的进展，或是知情者发布的最新爆料，引发舆论走向高潮。在众多网友的观点对峙中，真实信息在不断累积，“中坚分子”的阵营也在持续壮大，少数派与多数派之间的每个主体可能会不停摇摆，直至官方的调查结果发布，不断累积的真实信息得到整合，“反沉默的螺旋”彻底形成。

4.3.4 “反沉默的螺旋”中的群体类型

近年的相关研究中，越来越多的学者提到了“反沉默的螺旋”现象中的“少数派”“多数派”与“中坚分子”的存在。例如，陈强等（2010）指出，在“反沉默的螺旋”现象中，“少数派”群体一直保持同一观点或看法，通过发表与“多数派”主流意见相反的意见，来影响更多公众去思虑或认同自己的意见，尝试扩大自己的阵营。Liu 等（2021）指出，当“少数派”群体在坚持自我、持续发声的时候，一些赞同“少数派”观点的个体可能是隐蔽地散落在“多数派”群体中，但是由于某些原因，这些散落的个体并不会发声。同时，Yun 等（2016）指出，在一般社会中，认为自己是“少数派”群体的人发声的可能性是认为自己是“多数派”群体的人的两倍。Chaudhry 和 Gruzd（2020）通过研究分析，尤其是在非匿名和有节制为主导的社交平台上，少数人乐于去表达不受欢迎的观点，质疑了原本流行的“沉默的螺旋”理论在网络环境中的解释力。陈丽芳等（2019）则认为，少数意见中的“中坚分子”是推动“反沉默的螺旋”现象出现的一个重要因素，他们可以迅速汇聚志同道合的个体，来壮大“中坚分子”队伍的力量。Glynn 和 Park（1997）将“中坚分子”定义为无论外界持何种观点或见解都能依旧坚持自己内心观点并勇于发声的人。

4.3.5 “反沉默的螺旋”对舆情演变的双面影响

周培源和姜洁冰（2019）指出，网络舆论并不能代表公众全部的意见，其自身内里的竞争与自我分化同生共存，不易形成全局统一的意见。在演进过程方面，董阳与陈晓旭（2015）指出，网络舆情演进中有变革的前进方向，两极分化与理性化往往是网络舆论演进的两个阶段。汪明艳等（2019）指出，网络舆情演进是一个基于复杂社会网络，包含不同主体的舆论观点在不断交互及舆论信息不断发散的动态进程。

“反沉默的螺旋”对舆论演变具有双面影响。石冲和周宏（2017）指出，“反沉默的螺旋”有两种传播路径：理性与非理性。李凌云（2015）通过对不同形态的“反沉默的螺旋”现象的分析，指出理性的“反沉默的螺旋”在舆论斗争中，“少数派”群体的意见会反复尝试影响或削弱“多数派”群体的意见，使网络舆论与社会价值观尽可能地契合；而非理性的“反沉默的螺旋”则是“少数派”群体的意见反复尝试彻底推翻“多数派”群体意见，使网络舆论严重偏离社会价值取向。王晓震（2018）认为，非理性的“反沉默的螺旋”现象会影响事实积极的走向，在社会上形成较大的舆论压力，带来不良影响。对于突发事件所带来的舆论，王小初和万佑红（2016）通过仿真实验证实，当初始传播概率较小时，“反沉默的螺旋”现象会加速舆情谣言的传播；当谣言的传播概率逐渐增大时，“反沉默的螺旋”现象会抑制舆情谣言的传播。

4.4 案例分析：“重庆大巴车坠江事件”中的“反沉默的螺旋”现象

4.4.1 案情简介

2018 年，从重庆万州开往长江二桥的一公交车在长江二桥上与一小轿车迎面相撞，导致公交车坠江。事件发生之初，便引起广泛热议。引发关注度最高、讨论最热烈的两个主人公分别为公交车司机和小轿车女司机。有一派网友认为是小轿车女司机逆行导致公交车司机紧急躲避致使公交车坠江，另一派网友认为是公交车司机的自身原因导致公交车坠江。但对于小轿车女司机的言论多是恶意的指责，对于公交车司机的言论多是猜测是其自身身体健康情况出现问题。舆论方向一时间呈向两方面快速发展趋势。

通过微博话题指数计算得到“重庆万州公交坠江”相关话题，共计阅读次数达 22 亿次，讨论次数达 56.8 万次，其中对于相关话题进行原创发文讨论的达 6.1 万次。而引发该事件二次爆发的“重庆公交车坠江原因”相关话题共计阅读次数达 15.9 亿次，讨论次数达 33.1 万次，其中对于相关话题进行原创发文讨论的达 5.4 万次。对整个事件的过程梳理如图 4.2 所示。

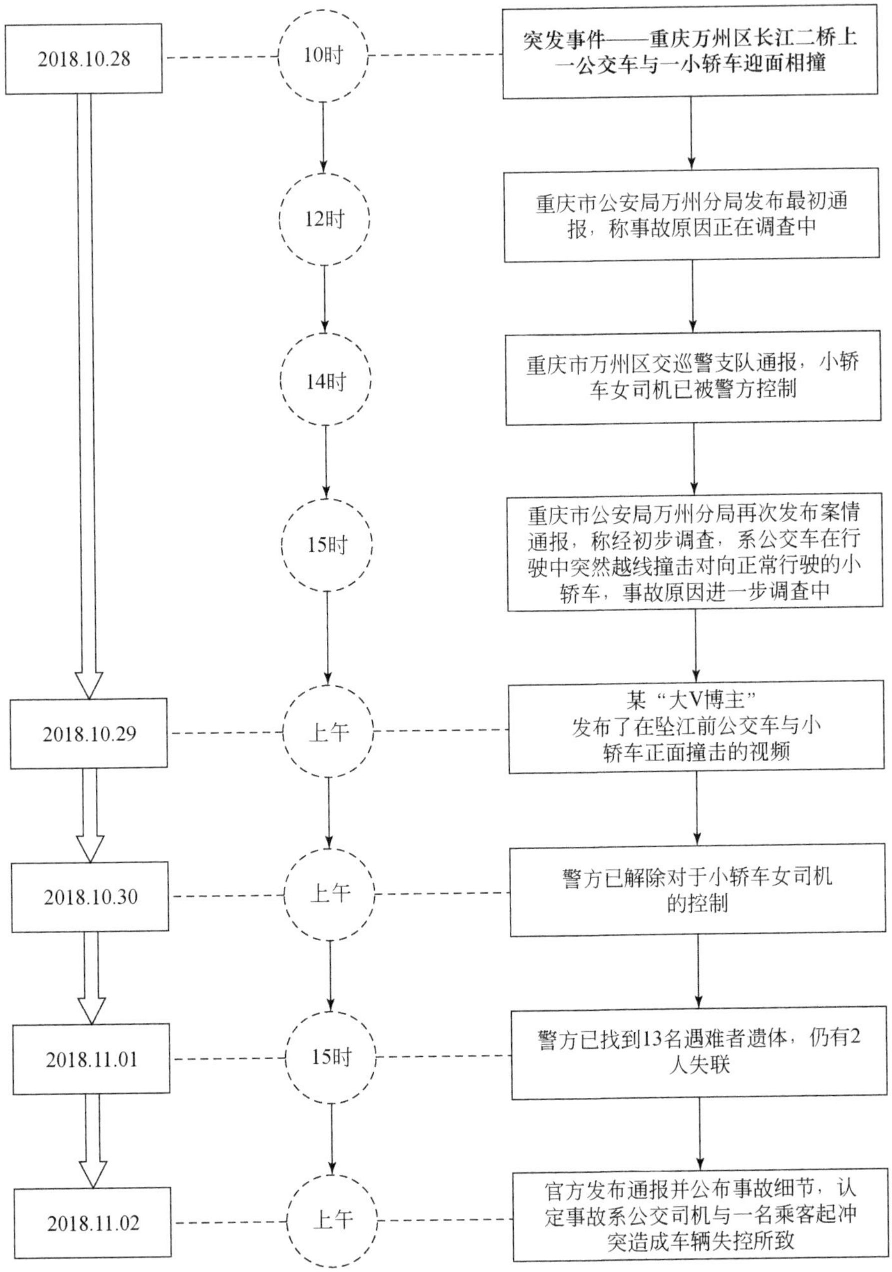

图 4.2 “重庆公交车坠江”事件过程梳理

4.4.2 “反沉默的螺旋”演化阶段特征分析

通过梳理发现，“重庆公交车坠江事件”的舆情共经历了“沉默的螺旋”形成阶段、“反沉默的螺旋”蓄积阶段、“反沉默的螺旋”形成阶段。

4.4.2.1 “沉默的螺旋”形成阶段

事件突发后，媒体的报道引发社会关注，该事件引发的网络舆情进入萌发阶段。但由于有关该事件的事实报道还不够全面，引发该事件发生的真实原因还尚未有官方发布，这一时期是舆论走向最容易单向发展、“沉默的螺旋”形成阶段。

2018 年 10 月 28 日中午，网络中开始出现并传播小轿车女司机逆行导致事故发生的相关消息，且当时小轿车女司机已被警方控制，更加助推了网友认为女司机逆行为导致事故发生的原因的猜测。当时多家网络媒体为抢占报道事故调查情况的先机，对于网友的猜测观点并未向警方求证便进行了相关报道，使得舆情一时间围绕着“女司机逆行”单向发展，网络上充斥着大量谣言。但与此同时，有“中坚分子”提出质疑，认为“公交车急转方向时与小轿车的距离并未达到危机距离”，而且“为什么公交车司机的第一反应不是踩刹车呢”。但是终究抵不过舆论“多数派”的压制，“中坚分子”的言论被淹没在“不理性”的海洋中。

在“重庆公交车坠江”事件刚刚被报道时，舆情量持续上升，但这个阶段公众更多的是出于对受害者的同情、缅怀与惋惜的心理，以及仅仅是一些简单的新闻报道或是网友点评就直接站队跟风，公众并未有过多思考。“少数派”虽然也一直在发声，但数量并不能与“多数派”抗衡，只能在螺旋的低端被压制，“沉默的螺旋”现象逐渐形成。

4.4.2.2 “反沉默的螺旋”蓄积阶段

随着事件调查情况不断进展，有关事发的相关资料（包括视频证据、目击证人提供的信息等）一部分被曝光和报道，此时舆情已渐渐从萌发阶段到爆发阶段过渡，但还未真正地爆发。在这个阶段，“多数派”渐渐有人开始更加理性地去看待整个事件，通过进一步的分析后才发表观点或是赞同与其有相同或相近观点的“少数派”的观点。

2018 年 10 月 28 日 15 时，重庆市万州区公安局官方微博账户“平安万州”发布官方声明，称小轿车是在正常行驶的过程中被公交车越线撞击，而后公交车坠入江中。此消息发布后，部分谣言不攻自破，舆情出现了小高潮。虽然最终更和辟谣信息通过“社会关系”迅速传播。这意味着，在网络谣言的规避和管控上，应充分利用用户的社会交互关系，加快辟谣信息的扩散，尽可能地规避谣言传播造成的严重后果。

5.1.2.2 复杂性和差异性

社交网络环境中的信息交互既是信息获取与吸收利用的过程，同时也是一种与他人互动、社会化聚合过程。在舆情事件中，一方面，个人信息交互行为能够与他人的行为聚合形成强大的社会效应：捏造事实、混淆是非的网络谣言，小则使个人或企业声誉、利益受损，大则侵蚀党和政府公信力，削弱社会信任根基，激化社会矛盾，有不可预见的危险后果。而辟谣信息通过说明事实真相，驳斥谣言，一定程度上可以减轻谣言带来的危害。另一方面，作为个体用户，其信息交互行为往往不是基于个体的自主判断与选择，而是在社会环境作用下的复杂过程。在谣言的传播过程中，大部分网民都具有从众心理和跟风心态，极易被混淆视听的谣言“牵着鼻子走”。同时，由于网络用户知识结构、所处环境的不同会导致他们信息交互行为有很大的差异。不同身份、地位和处于不同关系网络中的网民对于舆情信息的传播具有不同的行为。谣言和辟谣信息交互的复杂性和差异性是政府谣言管控的难点所在。

5.1.2.3 实时性

实时性是互联网的功能之一，无论是用户到信息系统的交互，还是信息系统到用户的交互均是实时过程，迅速的信息获取可以使用户感到兴奋。随着移动互联网的普及和社交网络的兴起，网络舆情事件主要通过手机社交网络和互联网进行传播，这使得网络平台与新闻网站、论坛、社交网站、视频网站及其他媒体的舆情信息的信息交互几乎是同步进行，尤其是手机网络新闻的共享功能，可以及时将网络新闻信息共享到各大社交媒体平台（张耀辉等，2012）。

5.1.3 谣言与辟谣信息交互作用的模式

网络是个复杂系统，谣言和辟谣信息在网络系统之中不断进行交互并彼此产生影响，而谣言和辟谣信息交互作用的模式也不尽相同。辟谣信息是对谣言的回应，两者相伴而生、相互影响。政府的辟谣信息大部分是基于谣言信息而发出的，辟谣信息的扩散很大程度上取决于谣言信息的内容和扩散度。一般情况下，辟谣信息网络根据谣言信息网络而不断变化，且在空间上呈现不断向谣言信息网络靠近的趋势，如图 5.1 所示。

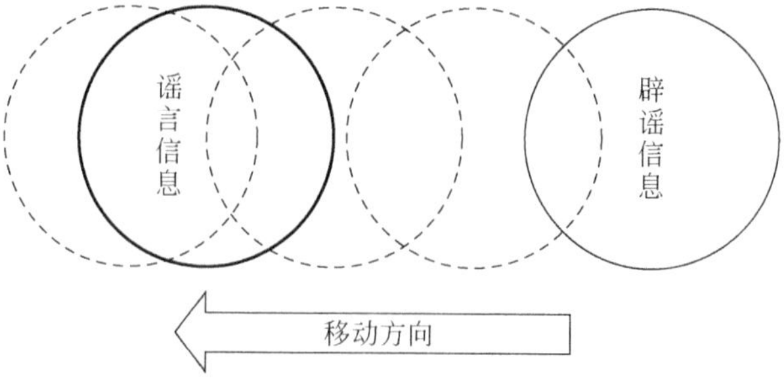

图 5.1　辟谣信息向谣言信息移动趋势图

谣言与政府的辟谣信息的扩散具有交互关系，辟谣信息网络和谣言信息网络逐渐靠近的过程中，两个网络会形成不同程度的重叠。根据重叠度的差异，谣言信息和政府辟谣信息扩散的范围可能存在以下几种情形：政府辟谣信息对谣言信息的追击、重叠、覆盖及谣言对政府辟谣信息的反覆盖。

5.1.3.1　政府辟谣信息对谣言信息的追击

政府辟谣信息对谣言信息的追击是指辟谣信息与谣言信息的范围一致，即辟谣信息完全覆盖了谣言信息传播的范围，可用图 5.2 表示。

图 5.2　辟谣信息对谣言信息的全覆盖

这种情况是政府对谣言信息有全面而正确的认识，并能通过恰当的途径来精准地覆盖谣言信息传播的渠道。对于网络谣言的规避和管控来说，这是一种很好的情况，是政府相关部门和公众所期望的，只有在这种情况下，谣言才能完全被辟除，政府才能赢得公众的信任。

5.1.3.2　政府辟谣信息对谣言信息的重叠

政府辟谣信息对谣言信息的重叠有两种模式。第一种情况是辟谣信息范围大于谣言信息范围，就是指政府的辟谣信息扩散范围覆盖到了甚至超过了谣言信息本身的传播范围，可用图 5.3 表示。

图 5.3　辟谣信息范围大于谣言信息范围

这种情况虽然也能比较好地满足辟谣和政府谣言管控的需求，但是增加了政府工作人员的工作量，也增加了公众从政府提供的辟谣信息中鉴别、筛选针对性较强的信息的时间，辟谣效率较低并且缺乏针对性，可能会导致公众在某一个时间段内于各个不同的平台多次重复看到同样的辟谣信息，给公众带来不便。

第二种情况是辟谣信息范围小于谣言信息范围，是指政府辟谣信息的传播范围较小、传播途径较少，从而无法完全覆盖到谣言信息的传播范围，可用图 5.4 表示。

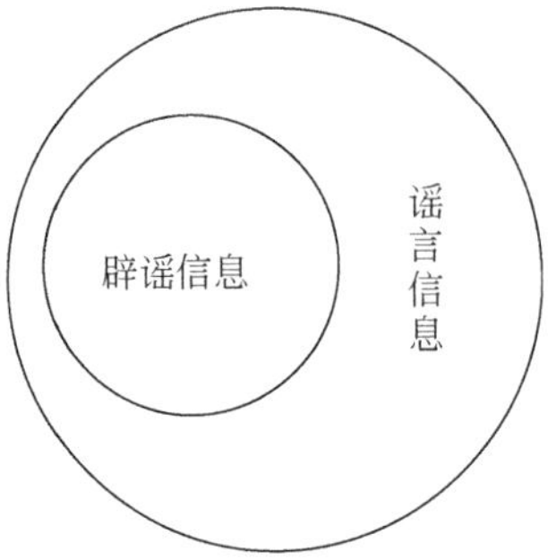

图 5.4　辟谣信息范围小于谣言信息范围

辟谣信息传播的不足会影响辟谣信息被公众接收的频率，导致公众在一段时间内不能通过某种渠道看到政府的辟谣信息，从而选择相信谣言信息，政府的辟谣效果得不到提升。

5.1.3.3　政府辟谣信息对谣言信息的覆盖

政府辟谣信息对谣言信息的覆盖是指辟谣信息范围与谣言信息范围有部分交

叉。在这种情况下政府所发布的辟谣信息只有一部分覆盖到了谣言信息的传播范围，而剩下的一部分散落在别的渠道里，和实际的谣言信息没有交集，可用图5.5表示。

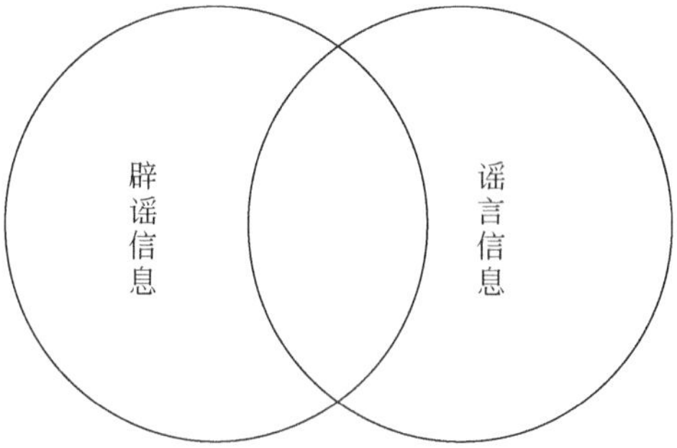

图5.5　辟谣信息范围与谣言信息范围交叉

这种情况不仅浪费政府工作人员的精力，而且会影响公众对于辟谣信息的理性判断。导致辟谣信息与谣言信息范围交叉的原因主要有：政府工作人员对谣言信息认识不十分正确，辟谣信息的用词准确性欠缺，辟谣针对性弱等。

5.1.3.4　谣言信息对政府辟谣信息的反覆盖

谣言信息对政府辟谣信息的反覆盖意味着辟谣信息范围完全覆盖不到谣言信息范围，或是与谣言信息内容相差甚远、毫无关系，具体情况可用图5.6表示。

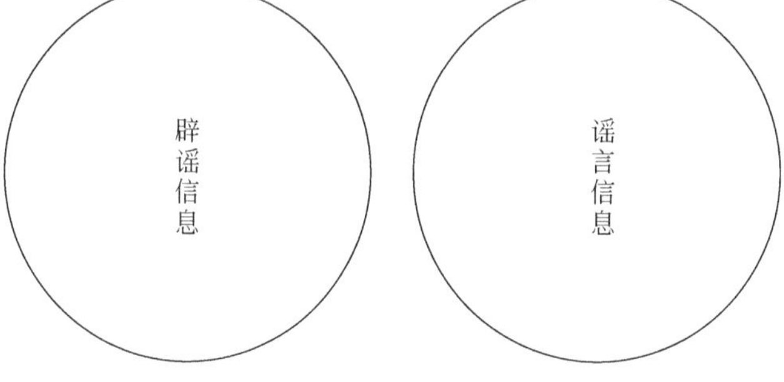

图5.6　辟谣信息范围完全覆盖不到谣言信息范围

这种情况会导致政府部门劳而无功，公众对于此次辟谣信息一无所获，政府公信力大大降低。

政府发布的辟谣信息传播的范围和效果会影响公众对于谣言的看法和公众对

于回应的积极程度，若是辟谣信息传播的范围广、效果好，那么公众对于谣言则选择不相信，并且积极对辟谣信息进行回应；若是辟谣信息传播的范围小、效果差，那么公众就会对谣言选择持保留意见，并且可能对辟谣信息进行消极回应，导致政府公信力下降。

5.2 谣言信息与辟谣信息交互作用的影响因素

信息传播活动是信息传播者在特定的信息环境下，通过某种传播媒介，将信息资源传递给接收者，实现共享的过程。有学者将整个信息传播环节会对信息传播造成影响的因素归纳为信息提供者、传播媒介、信息内容、信息环境和信息接收者。信息传播的影响因素为谣言信息和辟谣信息两个网络交互的内因提供了理论基础。

现有研究一般认为，网络舆情是由舆情本体、舆情客体、舆情主体及舆情媒体等 4 个主要部分构成，但在网络舆论形成与传播过程中，传播的独特形式和特征导致了各种要素方式的变化。将网络舆情的传播要素延伸到谣言信息与辟谣信息交互的研究中，那么两个网络的交互是由谣言主体、谣言客体、谣言本体、谣言媒体、辟谣主体、辟谣客体、辟谣本体、辟谣媒体等 8 个部分构成。为了更好地分析谣言信息与辟谣信息的内在交互机理，本节分析并总结了现实生活中的谣言信息和辟谣信息的一些主要特征及影响因素。通过分析发现谣言本身、谣言主体、媒体、辟谣主体和网络生态环境等因素都会对谣言信息与辟谣信息的交互产生影响。

将信息传播的影响因素与谣言和辟谣交互结合来看，则信息提供者对应的是谣言主体和辟谣主体，传播媒介对应的是各种媒体，信息内容对应的是谣言信息和辟谣信息本身，信息环境对应的是网络生态环境，而信息接收者对应的是可能接收到谣言信息和辟谣信息的公众。由于信息接收者是系统中不可控的变量，所以就谣言信息与辟谣信息交互的影响因素来说，本节仅对谣言本体、谣言主体、辟谣主体、媒体及网络生态环境进行分析。

5.2.1 谣言本体

谣言的发出是谣言与辟谣信息交互的先决条件，由于谣言一般与谣言主体或公众的切身利益密切相关，谣言爆发后会引起谣言主体的广泛传播，紧接着会引起公众的迅速关注和激烈讨论，这种扩散趋势会将舆论推到一个制高点，从而在社交网络媒体上引起风波，直至引起辟谣主体的关注。谣言本体对于谣言信息和

辟谣信息交互的影响主要来自谣言破坏力和谣言影响力两方面。

5.2.1.1 谣言破坏力

谣言破坏力是指谣言对社会乃至整个国家造成的具体或无形的损害，对人民的福祉和社会稳定构成的严重威胁。谣言的破坏力分为两部分：首先是由于谣言的发生而造成的物理损害，包括经济损失、人员伤亡和生态破坏，称为有形破坏力；其次是不会造成实质性的身体损害，但会损害人们精神、心理、世界观、人生观及其他无形的财产，称为无形破坏力，这会导致公众需要花费精力去修复自己的精神损伤，从而影响个人正常生活的情况。谣言破坏力可以用国家对于突发公共事件定义的严重等级进行赋值来衡量，事件的等级与谣言破坏力呈正相关关系。

5.2.1.2 谣言影响力

谣言影响力是指当谣言产生和传播对公众带来的影响，与破坏力不同的是，谣言影响力更多的是一种心理层面的主观感受，当谣言本身和公众的切身利益密切相关时，公众对于谣言的关注度就会增加，对谣言的认同度和心理层面的感知也会增强，则谣言的影响力随之加大。随着谣言网络的扩大，更多的谣言主体或是民众参与到谣言的讨论中去，也能增加了谣言的影响力，从而将谣言网络进一步扩大。谣言影响力主要由谣言敏感度、谣言破坏力、谣言场的内部共识度决定。

5.2.2 谣言主体

谣言主体主要是指参与谣言讨论及有谣言传播行为或是有将谣言扩散出去的趋势的网络用户。随着信息技术和互联网的不断发展，信息逐渐突破了时间和空间的界限，被更多主体所接收和感知，也为公众自由发表观点及态度创造了条件。

谣言主体参与度可以表示谣言主体在谣言传播过程中的作用，微博谣言数量可以用来衡量这种参与度。微博是新兴的社交媒体平台，是公众网民自由交流的场所，在微博中，用户可以自由评论和讨论谣言事件，微博会通过网民的连续阅读、发布、回复和转发，开始集成越来越多的个性化意见，随着微博用户在线和活动的关注持续增长，事件的范围和影响也逐渐扩大，这也刺激了网络谣言的持续扩散。

5.2.3 政府

在对网络谣言进行管控的过程中，辟谣主体是最主要的管理者，这个辟谣主体在权力上、地位上、处理事情的能力上都应当有相当的分量，所以这个重要职责一般由政府所担任。目前，我国刚刚迈入全面小康，一些社会矛盾被反复强调，很多谣言都容易引起互联网用户之间的讨论，并促进矛盾的进一步传播。所以，为了社会稳定，政府需要准确、及时地引导网络谣言的良性发展，从而达到民心稳定、社会安康的目的。其中对政府层面影响因素的界定主要涉及政府关注度、政府管控水平和政务新媒体三个方面。

5.2.3.1 政府关注度

政府对特定民生及社会问题的关注度称为政府关注度，对于谣言管控来说，政府关注度则指政府对于某一谣言的关注程度。网络时代许多社会性问题愈发受到公众关注，使得一些谣言在特定时刻引起轰动，引发一波又一波的讨论。此起彼伏的谣言给人们的生活带来许多误导，也给社会稳定和国家安全带来不同程度的威胁。网络谣言是我国当前互联网治理的热点和难点，如何在保障言论自由和维护社会秩序之间实现平衡极其考验政府的治理策略与智慧。因此，政府关注度决定了政府对于谣言的处理速度，政府关注度越高，对于谣言的处理速度越快，则谣言信息与辟谣信息的交互就越迅速。

5.2.3.2 政府管控水平

政府管控水平是指政府对于谣言的管控能力，主要包括政府响应力度、政府认同度和政府关注度三个方面。其中，政府响应力度是指政府在谣言扩散后用以弥补谣言所带来的破坏力的应急措施，可以用来评判对于谣言后果补救的行为是否良好，政府的管控水平与政府的响应力度呈正相关关系。政府认同度是指在辟谣信息传播过程中，公众和部分谣言主体对于辟谣信息的信服度，也就是公众愿意相信辟谣信息的程度，以及响应辟谣信息的程度，政府管控水平和政府认同度呈正相关关系。政府关注度上文已经提及，政府关注度对于政府管控水平来说至关重要，一般政府对于谣言的关注度越高，则政府的管控水平越高，治理效果也越好。

5.2.3.3 政务新媒体

各级政府、执行行政职能的公共机构及其内部机构基于移动社交网络平台，如微博或微信等所开发和建立的一个账户或政府机构自主开发的应用程序，称为

政务新媒体。政务新媒体在谣言信息和辟谣信息交互中的作用主要通过发布的信息数量来体现。例如，政务微博发布的辟谣信息数量就是衡量政府响应力度的指标之一。政务微博发布的辟谣信息数量越多，对谣言信息的攻击越剧烈，则政府响应力度越大，政府对谣言的管控水平就越强。

5.2.4 媒体

在谣言信息与辟谣信息交互的过程中，媒体作为两类信息的流通平台，一方面可以影响谣言网络和辟谣网络的大小和范围，从而影响两者交互的效果；另一方面则可以影响谣言信息和辟谣信息的走向，以此来影响两者之间的覆盖度。而本章主要研究网络媒体平台对于谣言信息与辟谣信息交互的影响，不考虑跨平台对于交互的影响。

在社交网络日渐发达的今天，网络媒体凭借其强互动性、即时性及传播速度快、传播面积广的特点，在网络谣言的传播中扮演着重要角色，对于谣言信息与辟谣信息的交互来说更是如此，网络媒体实现了谣言网络与辟谣网络多对多的映射。通过网络媒体，谣言信息得以被谣言主体看到，网络媒体也提供了参与信息扩散的机会，网民通过传播和评论谣言来建立与网络媒体的互动，扩大谣言的传播，提升各大媒体的传播效果，引发更多互联网用户和媒体的关注，从而提高舆情事件的参与度，促进谣言热度上升。而在辟谣信息发出后，公众也可以通过网络媒体进行转发或评论，反击谣言信息，修正自我认知，从而达到谣言信息与辟谣信息交互的效果。

5.2.5 网络生态环境

网络生态环境是指每个元素内部和外部构建网络的所有硬件和软件环境，可以看作是网络资源和网络工具的组合，网络生态中的每个元素通过这些组合进行交互。网络生态环境可以利用网络舆论生态指数进行测量。网络舆论生态指数由网民正能量指数、舆论共识度、政府认同度等因素构成。

5.3 谣言信息与辟谣信息交互的建模与仿真

谣言信息与辟谣信息在线扩散的交互作用的动力分为内源动力与外源动力。与此同时，内源动力和外源动力中，又包含多种层次，多种类型的因素，而这些因素又分别属于不同的主体。主体之间相互作用，相互影响，从而促使舆情发生演化，从这个角度来看，谣言信息与辟谣信息扩散的交互作用处于一个复杂系统之中。系统的概念是指互相依靠、相互作用的所有事物，并且按照某些规律所结合起来的总和。在系统中，不存在孤立元素组分，所有元素或组分间相互依存、相互作用、相互制约，系统是所有元素所构成的复合、统一的整体。

从系统思维来看，谣言信息与辟谣信息在线扩散的交互作用机制具有复杂系统的很多特征：一是数量庞大。当前，我国的网民总数已超过 9 亿，他们活跃在不同的舆情场域，其结构的复杂性难以描述。二是网络社群。基于门户新闻网站客户端、微博和微信所形成的粉丝群、朋友圈等共同建构了纷繁复杂的谣言信息和辟谣信息扩散子系统，这些子系统随机分布、复杂链接、无限关联。三是耗散结构。谣言信息系统和辟谣信息系统是在与外界不断进行信息和意见交换的开放过程中实现的。在同外部的联系和沟通中、信息流的输入和输出中，系统会从无序走向有序。四是动态性。谣言信息和辟谣信息的主体、载体、议题、烈度、动力、空间是在持续地变化的，使得舆情系统具有动态感。公众对某一事件（话题）等的情绪、态度和意见不仅是多元的，而且在群体极化的作用下很容易分化，进而形成不同的阵营，总是处于此消彼长、不断变化动态演进当中。五是不确定性。在谣言信息和辟谣信息扩散和交互的过程中，网络舆情的路径和态势是无法预测、无法把关、无法控制的。六是自组织。虽然有各级各类舆情监管部门，但实际上都无法实现对整个网络舆情的发展变化全面控制。虽然有以政府为代表的辟谣信息在进行引导，但还是无法完全掌控舆论的进程和走向。而系统建模仿真是研究复杂系统的重要研究方法，复杂系统建模的任务是建立系统的模型，以便描述系统的涌现性，即描述被研究对象何时、何处、出现何种涌现。

系统建模仿真是研究复杂系统的重要思想，在网络舆情的相关研究之中，通常建立谣言信息与辟谣信息交互作用的相关模型，通过情景仿真模拟探究谣言信息与辟谣信息传播、作用机理，舆论生态系统演化的影响因素及其作用规律。根据一些较为成熟的模型方法建立适用于研究的模型，并进行仿真模拟，可以得出更加专业、客观、可靠的研究成果。

5.3.1 主要的仿真方法

复杂系统的研究通常有两种方法：一是利用计算机仿真的方法通过模拟复杂系统中个体的行为，让这一群这样的个体在计算机所营造的虚拟环境下进行相互作用并演化，从而让整体系统的复杂性行为自下而上地“涌现”出来。二是根据人脑面对复杂系统可以通过有限的理性和一些不确定的信息做出合理的决策，得到满意的结果。计算机仿真方法是一种定量的分析方法，该方法应用计算机作为工具，首先建立某系统或过程的仿真模型，然后通过对参数的调整进行多次仿真实验，以此来刻画系统或过程的特征，从而得出关于该系统或过程的定量分析结果，为相关决策者提供参考。网络舆情作为一个特殊的复杂系统，谣言信息与辟谣信息扩散的交互作用机制基于网络传播和演化，因此利用计算机仿真方法来进行研究更具专业性、合理性和便捷性。下面将主要介绍计算机相关的仿真技术。

5.3.1.1 基于 Agent 的建模与仿真技术

Agent 的原意是代理，即一个人接受某人或某一组织的委托并代表其去执行某项任务。在计算机领域，Agent 可认为是授权的“个人软件助理”，是一种在分布式系统或协作系统中持续自主发挥作用的计算机实体，又称为智能体。Agent 是实际系统的某种抽象，它能够在一定的环境中为了满足其设计目标，而采取一定的自主行为。Agent 总能感知其所在的环境，并且具有影响环境的多个行为能力，能够适应环境的变化。基于 Agent 的建模与仿真方法将复杂系统中各个仿真实体用 Agent 的方式思想自下而上对整个系统进行建模，试图通过对 Agent 的行为及其之间的交互关系、社会性进行刻画来描述复杂系统的行为。这种建模仿真技术在建模的灵活性、层次性和直观性方面较传统的建模技术具有明显的优势，可以从个体到整体、从微观到宏观来研究复杂系统的复杂性，克服了复杂系统难于自上而下建立传统的数学模型的困难，有利于研究复杂系统具有的涌现性、非线性等特点。

但是，对于现实中复杂的、大规模的问题，只靠单个的 Agent 是无法描述和解决的。因此，一个系统中往往由多个 Agent 组成。这些 Agent 不仅具备自身的问题求解能力与行为目标，而且会为了某一共同目标而通过一定的组织管理策略及协议而进行相互协作，这样就构成了多 Agent 系统。多智能体仿真模拟（multi-agent simulation，MAS）是一个由很多 Agent 构成的理论性的框架，当 Agent 的结构变得越来越复杂，这个 MAS 系统就会变得愈发紧凑。一个 Agent 能够进行科技合作处理智能动作的专业模拟，能够起到一个独立处理部分功能和工作的子系统的职责，并且在组成的交互社会团体系统运转过程中，Agent 之间拥有部分的交互联系，链系统也是由这些联系组合而成的，最后能够实现全局的目标。MAS 是一种进行复杂系统模拟与分析的思想方法与工具，它也是分布式人工智能领域研究的一个重要方向。基于多智能体的仿真模型中的每个智能体会根据自身设定的属性、行为规则及外界环境条件，做出一定的反应，这样模拟系统中的个体行为来实现系统宏观的变化。建模过程包括：提出模型假设，建立概念模型，设置智能体的属性、分类、行为规则等。

MAS 技术主要用于系统的控制决策，可以解决涉及智能化、计划决策、协同控制、复杂系统等领域的所有相关问题。基于 MAS 技术的模拟仿真中已经有较为成熟的理论体系，而其理论和算法也在不断丰富和改进，已在现实生活中多个领域和行业得到了大规模应用。市面上也有许多能实现 MAS 的仿真软件、工具平台，如 anylogic、matlab、netlogo 等。因此，使用 MAS 进行研究可行性较高，采用成熟的仿真软件中的 MAS 工具则能更加便捷地进行仿真模拟。

由于社会网络和 MAS 都是由一些相互之间具备某种关系的交互个体组成，且都是为了实现某个目标，所以 MAS 很自然地应用在社会网络中谣言和辟谣的建模研究中。对社会网络上的信息扩散而言，扩散主体可以表示为 MAS 中的 Agents，传播媒介是 MAS 与 Agent 之间的互动关系，传播内容是 MAS 与 Agent 之间的互动信息。虽然基于 MAS 对网络谣言中的信息扩散的相关研究已经提出了一些有特色的仿真方法、模型和理论。但是，目前 MAS 与谣言相关仿真的研究还太少，且现有的研究也集中在谣言信息的传播规律、扩散机制的研究，缺少辟谣信息方面的研究。

5.3.1.2 系统动力学方法

系统动力学（system dynamics，SD）是系统科学理论与计算机仿真紧密结合，研究系统反馈结构与行为的一门科学，是系统科学与管理科学的一个重要分支。系统动力学认为，系统的行为模式与特性主要取决于其内部的结构。反馈是指 X 影响 Y，反过来 Y 通过一系列的因果链来影响 X；我们不能通过孤立分析 X 与 Y 或 Y 与 X 的联系来分析系统的行为，只有把整个系统作为一个反馈系统才能得出正确的结论。系统动力学从系统的角度对相关问题进行研究，采用推理与综合相结合、定量与定性相结合的方法对问题进行研究，在仿真模拟复杂的大系统时具有较大的优越性，可以对不易量化的因素进行分析和检验。它强调以系统、运动、发展的眼光来处理动态变化的问题。

系统动力学在建立模型时，首先要分析系统的各个变量及关系。主要分为以下六个步骤：①系统分析，即确定所要研究问题的系统边界。②系统结构分析，即对整个系统和其组成部分之间的关系进行研究，确定其内部因果关系和反馈机制。③建立因果回路图。根据因素之间的反馈关系建立因果回路图，它使用图的方式，描述了系统中各变量之间的因果关系。各变量以箭头相连，在箭头上标有“+”或“-”，表示关系的性质。正极性表示正相关，负极性表示负相关。④建立数学模型。确定系统变量的值后，构建数学方程，进而绘制系统流图。它使用函数关系表示各变量之间的数量关系。存量是积累，表明了系统的状态；流量则反映了存量随时间的变化。⑤计算机仿真。运用 Vensim 软件对模型进行模拟。⑥仿真结果分析。根据得到的仿真结果进行政策分析，并据此提出合理建议。系统动力学建模过程如图 5.7 所示。

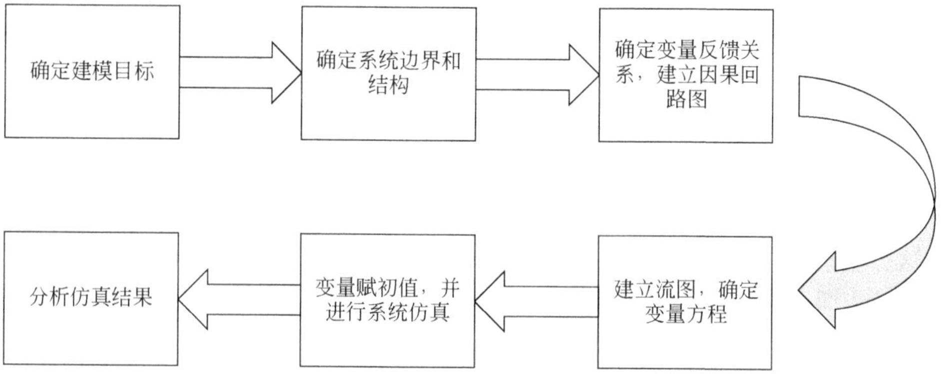

图 5.7　系统动力学建模流程

5.3.2　仿真模型

5.3.2.1　传染病模型

传染性疾病模型的研究历史悠久，早在 20 世纪初就有学者开始对其确定性数学模型进行研究。早在 1927 年就有专家建立了基于微分动力学的经典 SIR 模型，此后，该模型被广泛用于各种传染病的传播研究。SIR 模型是一种扩散模型，抽象地描述了信息传播的过程，是传染病模型中最经典的模型之一。在这个模型中，S 代表易感人群，即未得病但缺乏免疫能力，与病人接触后较易受感染的人群；I 代表受感染人群，即感染了传染病的人群，可传染给 S 类人群；R 代表治愈人群，即治愈隔离人群，或是治愈后有免疫力的人群。

根据三个基本假设，SIR 模型可以实现：第一，所定义的模拟人口数总是以较合理的数量来确定，此时无须考虑人口的出生、死亡和迁移等人口动力因素。第二，患者一旦与易感人群接触，必然具有一定的传染能力。可假定在某一单位时间内，一名患者能够感染的易感人群的数量与该环境中易感人群的总数成正比，那么该单位时间内被该患者感染的人数就是一个函数值。第三，单位时间内受感染者恢复健康的人数与患者总数成正比。

传染病模型在应用于信息传播的研究中，可以描述为：一开始，所有的节点都应该处于易感染的状态，对应的个体不知道信息的情况。然后部分的节点逐渐接触到此信息，变为感染状态，此时这些节点也具备去感染其他易感人群的能力。这些节点尝试去感染易感人群，或者进入到恢复的状态（不去感染易感人群），感染一个节点，就是传递信息或者影响该节点对待某件事的态度。恢复状态，即免疫，如果一个节点处于恢复状态那么该节点不再参与整个信息传播过程。

一般的 SEIR 模型是在 SIR 模型的基础上，加入了 E（暴露者）这个中间状态，这个状态下的人，处于疾病的潜伏期，没有感染其他人的能力。有些传染病有明显的潜伏期，健康人与感染者接触后不一定都患病，病原体可能在个体体内潜伏一段时间后以一定概率发病，也就是说个体感染病原体后不一定都发病。感染这类病原体治愈后个体将具有终身免疫这种病原体的能力。这类传染病具有明显的潜伏期，适合于 SEIR 模型。在传统的 SEIR 传染病模型中，将 t 时刻系统中的用户分为四种状态，分别是易感态（S）、潜伏态（E）、感染态（I）和免疫态（R）。类似的，研究谣言传播时，系统中的用户也可分为四种状态：S——无知者，指在系统中对谣言不知情的用户；E——潜伏态，指在系统中接收到谣言但未决定是否传播的用户；I——传播态，指在系统中知道谣言并且传播的用户；R——免疫态，指在系统中不信谣言、不传谣言的用户。

SEIR 模型是在基础的 SIR 模型上进行谣言扩散的模拟，探究原始 SIR 模型在此类信息扩散模式中，能够发挥怎么样的作用，是对 SIR 模型以及其变体模型进行改良。SEIR 模型的变体能够还原谣言扩散的过程，可以较为准确地模拟政府辟谣信息对谣言信息传播的影响。

5.3.2.2 演化博弈模型

博弈理论一般用于某个用户的行为需要依靠其他人的行为来进行改变的情况。博弈的一般形式包括博弈主体、可能采取的策略及在博弈过程中每一个用户的回报。根据收益矩阵及博弈规则，可以得到纳什均衡。经典的博弈理论通常考虑用户是完全理性的并且掌握完全信息，这在现实世界中难以存在。而演化博弈理论认为有限理性用户在局部信息的条件下会反复博弈，不断进行学习和调整。在演化博弈中，当某一策略达到演化稳定策略的时候，所有用户都会选择该策略，并且在那之后其他的策略无法进行干扰。

演化博弈论是把博弈理论和动态演化过程结合进行分析的一种理论，它是以行为个体的有限理性假设为基础，把群体作为研究对象，探索参与主体的行为在环境、资源等内外因素影响下进行动态调整最终实现动态平衡的过程，并通过演化稳定策略来预测参与主体行为的博弈理论。演化博弈论的核心概念是由演化稳定策略和复制动态方程构成的，演化稳定策略是用来描述演化博弈的稳定状态，而复制动态方程则表现出这种稳定状态的动态收敛过程。演化稳定策略是指在多个参与者进行博弈的过程中，参与者根据自身的不完全信息和有限理性，对行为策略不断进行调整，以实现自身效益最大化，最终达到一种均衡的稳定状态，这种状态下参与者所选的策略就是演化稳定策略。而复制动态方程基本原理为：在一个由有限理性的参与者构成的群体中，更多参与者会倾向于选择行为结果高于平均收益的策略，从而使群体中选择这一策略的参与者占比产生变化。用来表示总体比例增长率的微分方程便是复制动态方程，是在群体选择策略的过程中收益与平均收益相等的方程。

20 世纪 90 年代，演化博弈理论的发展进入新的阶段。Watts 和 Strogatz（1998）提出的网络系统中“小世界”特征现象及 Barabasi 和 Albertt（1999）提出了随机网络系统的无标度特点和幂律分布特征。这两大研究成功地将演化博弈引入到复杂网络的探究中，开辟了网络演化博弈论这一新发展方向。同时，国内学者也开始对演化博弈论进行关注，并做出了大量的研究，其中在网络舆情传播的应用中也不断深入。

谣言信息和辟谣信息的传播和交互交织着多方主体的干预，其中政府与网络媒体无疑扮演了两个最为重要的角色。自媒体时代下，网络媒体的介入使得网络舆情的发展瞬息万变。网络媒体全面负责任地报道舆情事实、发表言论还是使得舆情肆意传播甚至对其进行包装从而获得利益，均关乎着网络舆情的最终走向。而政府的决策具有较高的权威性，在此过程中政府是否快速察觉到网络舆情的产生并进行监管干预，还是未及时察觉或由于成本等原因采取不干预态度，同样对网络舆情的治理有着至关重要的作用。政府与网络媒体面对网络舆情时，是一个双方利益博弈的过程。

5.3.2.3 元胞自动机模型

元胞自动机（Cellular Automata）模型是复杂性形成的一种离散动力学模型。元胞自动机由元胞（格子）、元胞空间（网络）、邻居（邻近元胞）、元胞状态（网民意见倾向）和元胞演化规则（意见状态转换函数）构成。从离散特征来看，元胞自动机上每一个元胞的状态变化都是一种基于规则的计算。对于散布在网格中的每一个带有离散状态的元胞来说，它们都遵循确定的局部规则作同步更新，从离散个体之间的交互，可以涌现出宏观的舆情演化特征。

元胞自动机模型具体由以下几个要素组成：①元胞。元胞分布在二维空间的网格上，作为元胞自动机最基础的组成部分，在每一个固定时刻都有自己的状态值。那么在舆情演化中，元胞代表一个舆情主体，即参与舆情事件的网民。②元胞空间。散布离散元胞的空间网格就是元胞空间。元胞空间可以是任意维数的欧几里得空间，目前应用最为广泛的是四方网格的二维元胞空间。在舆情演化中，元胞空间模拟的是网民的网络环境。③邻居。元胞自动机是一个动态系统，元胞和元胞空间是其静态部分，为了实现动态，就需要加入演化规则。在元胞自动机设定中，规则具有局部特性，简单地说，一个元胞下一时刻的状态取决于此时的它和邻居元胞的状态。因而，在设定元胞转换规则之前，必须明确元胞邻居是哪些。④元胞演变规则。元胞的演变规则是指，指定元胞在某一时刻的状态更新，是由局部条件下领域元胞的状态和确定的规则决定的。指定元胞的领域是指状态更新时所要搜索的空间。演化规则实际上是元胞当前的状态和邻域元胞的状态之间的关联性函数。那么，在指定状态转换规则之前，务必定义一定的邻域构型，明确作用元胞状态的邻域元胞范围。

元胞自动机模型被大量用于社会科学和自然科学各个领域的复杂动力学研究中。它主要有同质性、时空局部性、并行性、空间离散、时间离散、状态离散等特性。而元胞自动机的这些特性都吻合网络空间中网民的行为状态和特征，可以被用于研究网络舆情的传播。用元胞自动机对真实网络舆情环境建模，主要是通过描述元胞与元胞之间进行信息交互的特征和规律，仿真元胞个体之间的意见信息的交流，以及舆情形成、传播，演化过程和结果。首先，每个网民都是具有自由意志的个体，他们在不同的时间、地点、虚拟的空间内传播自己的见解，这些符合元胞自动机理论的时间、空间、状态离散等特征。其次，在网络舆情的传播中，参与其中的不同个体会做出独立的思想判断，做出的行为决策是独立完成的，体现元胞自动机的并行性特征。最后，舆情传播个体在舆情传播中获得信息，受外部环境影响并结合内在环境因素做出判断行为，符合元胞自动机的同质性，即在同一元胞空间内的每个基础元胞的演变都依据相同的作用规则。舆情传播过程中传播个体的外在环境因素就是个体可接触的外界舆情信息，这些信息的产生取决于元胞自动机时空局部性中所说的“邻居”。

5.4 谣言信息与辟谣信息交互的动力学分析

本章主要研究谣言信息与辟谣信息扩散的交互作用机制，它们之间会受到众多因素的影响，存在众多反馈及因果关系，是一个典型的具有多变量、高阶次、非线性的动态反馈系统。系统动力学是研究网络舆情传播和交互的重要方法，本节将重点讨论利用系统动力学的方法来研究谣言信息与辟谣信息扩散的交互作用机制。

在系统观的指导下，本研究试图在充分了解网络舆情事件发展过程中网络舆情热度作用主体及事件影响因素的基础上，明确诸多因素之间相互作用的因果关系，建立系统动力学的流图模型，通过对系统动力学模型的仿真实验，以量化的方式发现和总结舆情事件的谣言信息与辟谣信息之间相互作用的规律，以此为政府通过网络舆情的引导实现对网络谣言的管控提供决策思路。

5.4.1 谣言与辟谣信息交互作用的因果关系

反馈是系统动态学的一个核心概念。系统动力学主要用于分析信息反馈和解决系统交叉问题，认为系统的特点跟内部结构和因果关系有关。因此，在建立模型时，首先要分析系统的各个变量及关系。系统动力学中的因果反馈由事件 A（原因）导致事件 B（结果）发生，则在事件和事件之间形成因果关系，这种因果关系通常用因果回路图来表示。因果回路图是表示系统反馈结构的重要工具。一张因果回路图包含多个变量，变量由因果链联系，因果链由箭头表示。每条因果链都具有极性，或者为正（+）或者为负（-），该极性指出了当独立变量变化时，相关变量会如何随之变化。一条正因果链意味着如果原因增加，结果要高于它原来所能达到的程度；并且如果原因减少，结果要低于它原来所能达到的程度。而负因果链意味着如果原因增加，结果要低于它原来所能达到的程度；并且如果原因减少，结果要高于它原来所能达到的程度。

社交网络舆情传播是以因果关系为基础的信息生态系统，在信息、信息人和信息环境等信息生态系统要素的共同作用下促进信息传播。谣言信息与辟谣信息交互系统是一个由谣言主体、辟谣主体、谣言本身、媒体和网络生态环境构成的系统，这些因素通过某些通路和关系进行相互影响、相互作用，影响着谣言信息和辟谣信息的交互，进而改变谣言热度。在谣言信息和辟谣信息交互的过程中，它们之间的因果关系分为正反馈环和负反馈环。

5.4.2 谣言与辟谣信息交互模型的存量流量

因果回路图在许多场合非常有用，很适合于表达系统要素之间的相关性和反馈过程。但是，因果回路图无法表达系统中变量的性质，进而无法描述系统管理和控制过程。在社会、经济和生态系统中，存量和流量是两种最基本的变量。存量是积累，表明系统的状态并为决策和行动提供信息基础。流量则反映了存量的时间变化，流入和流出之间的差异随着时间累积而产生存量。尽管每天都在体验存量和流量，人们往往还是无法清晰地区分它们。存量使得系统产生惰性并具有记忆功能，成为系统中动态失衡的源泉。不能正确理解存量和流量之间的区别往往导致对时间延迟的低估、短视及政策抵制。因此，我们有必要在因果关系图的基础上进行更清楚的系统描述，以便对系统有一个更清楚和全面的认识。

存量流量图是在因果关系图的基础上进一步区分变量性质，用更加直观的符号刻画系统要素之间的逻辑关系，明确系统的反馈形式和控制规律，为深入研究系统打下基础。因果关系图只能说明增加或减少，而不能说明其质的变量的区别。因果关系图描述了反馈结构的基本方面，而存量流量图则是在此基础上表示不同的累积变化。所以说，存量流量图是一种结构描述，其图形表示所承载的信息远远大于文字叙述和因果关系图，所表达的逻辑比叙述更为直观、准确。

在系统动力学里，通常利用存量流量图对系统中各变量之间的数学逻辑关系进行说明。本章研究根据谣言信息与辟谣信息交互模型的因果关系图，构建出该系统的存量流量图，研究认为增加谣言的舆论共识度将增加谣言的破坏力和影响力及谣言主体对谣言的关注度，进一步导致与该谣言相关的微博数量增加，从而提高网民参与度，促进网络谣言的传播，增加谣言的传播力度。同样的，谣言的破坏力和影响力也将影响媒体报道的新闻数量，使之更多，从而增加网络谣言的热度。随着谣言的扩散与流行，它将引起政府部门的注意，政府在这时会采取适当的措施来引导谣言并减少在线谣言的流行。在谣言信息与辟谣信息交互的系统动力学模型中，将谣言的数量、网络媒体博文的数量及政府辟谣微博的数量定义为存量，用于表示谣言和辟谣的信息状态，其他变量都以流量方式定义。这些流量和存量在协同作用下影响谣言热度的变化。

5.5 谣言与辟谣信息交互与仿真的实证分析

5.5.1 基于 SEIR 模型的谣言与辟谣信息交互与仿真

5.5.1.1 数据来源与处理

本节以 2019 年 10 月份发生的“无锡高架桥事件”为案例进行研究。以“无锡高架桥事件”为中心，对该阶段发生的谣言进行爬取，并对“无锡发布”这个官方平台发布的微博正文进行分析。官方微博正文主要阐述死亡人数、事故的发生原因及无锡市政府采取的措施。该条官方微博消息正是对“无锡高架桥事件”谣言中“高架桥质量”“死伤超过 50 人”“豆腐渣工程”等问题的官方回复。

本案例的数据采集工具为后裔采集器，该软件最大的优点就是爬虫过程可以可视化配置，以及绝大多数功能使用免费。针对官方微博的布局，设置了采集函数，爬取了此条辟谣微博的转发数量、转发时间、转发评论、转发用户部分信息等数据来源，由于转发存在多级转发现象，爬取的难度较大，所以只爬取了三级转发的微博。二级转发的定义为：此条微博被转发者甲转发后，转发者乙转发了甲的微博，转发者乙的行为就是二级转发。顾名思义，三级转发就是在二级转发的基础上，转发者丙转发了乙的微博，那么丙的行为就是三级转发。在数据获取过程中，容易遇到数据爬取速度缓慢的情况，有时候会在爬虫程序运行时，计算机因为工作量太大运算速度会很慢，这个时候设置循环就很有必要。这不仅能加快数据的爬取，还能节省计算机的运行空间。本案例爬取获得的数据总数为5000条，剔除无效数据后，剩余3500条，随后对取得的数据进行处理。

为了获取各个微博转发用户对此条微博的情感倾向，使用了八爪鱼采集器，利用该软件的循环爬取数据的能力，将获取的所有的用户的转发评论进行了爬取。百度平台开发的AI开放平台中的情感倾向分析工具可以对绝大多数的文本进行情感倾向判断，且准确度达到95%以上。该工具的情感方向分为正向情感和负向情感，而且对正向和负向的程度进行了百分比计算。例如，“请相信政府，不传谣不信谣”，情感偏正向，正向指数89%。本案例研究采用此工具对3500条的转发评论进行情感倾向分析，得到的结果为正向评论2463条，负向评论1037条，用户对辟谣信息的认可度为70.37%。

另外，为了得到微博用户对此类辟谣微博的转发情况，对转发数量随时间的变化进行了分析，由于第二层、第三层的转发记录难以处理，本案例研究仅针对该辟谣微博原文的转发进行分析，转发总数为1537条。无锡市官方辟谣微博发布时间在2019年10月11日凌晨5：37，主要的转发集中在11日、12日、13日这几天，11日转发数量为1034条，12日转发数量为145条，13日转发量为20条，后续时间转发数极少且没有参考价值，故忽略不计。在Any Logic中，状态之间的改变的条件之一就是速率，采用的速率多以小时为单位。由于数据较为集中，本案例研究采用一个小时为单位进行数据统计，对每个小时内的转发数量进行了统计，结果发现在24小时，也就是在辟谣微博发布一整天后，转发数量的增长速度几乎为0，这说明此条微博的活跃度主要集中在10月11日凌晨至10月12日凌晨这个时间段内（图5.8）。

辟谣信息转发总数量与时间的变化关系如图5.9所示。在图上可以清楚地观察到，在第4、第5个小时，总体的转发数量急速增长，在这个阶段，此条微博的活跃度最高。经过计算，在前10个小时内，平均的转发增长速度为每小时94.6条，峰值速度为每小时329条。

5.5.1.2 改进模型的构建

（1）初模型构建

在进行微博用户行为的分析后，本案例研究做出以下假设：用户只有在阅读完某条微博后才决定是否转发该条微博。显然，个体是否转发微博是由用户阅读

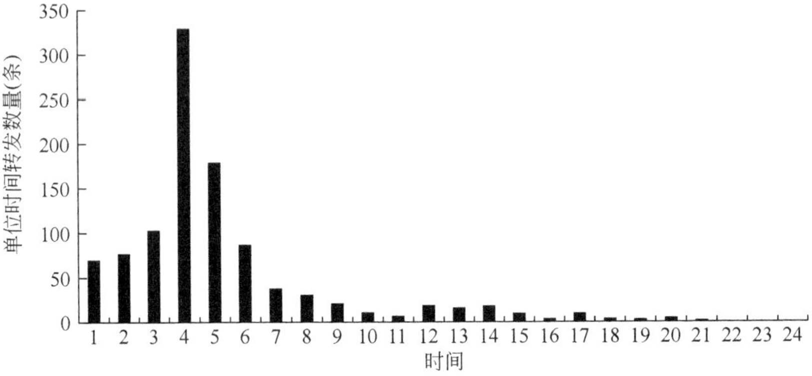

图 5.8　单位时间转发数量与时间关系

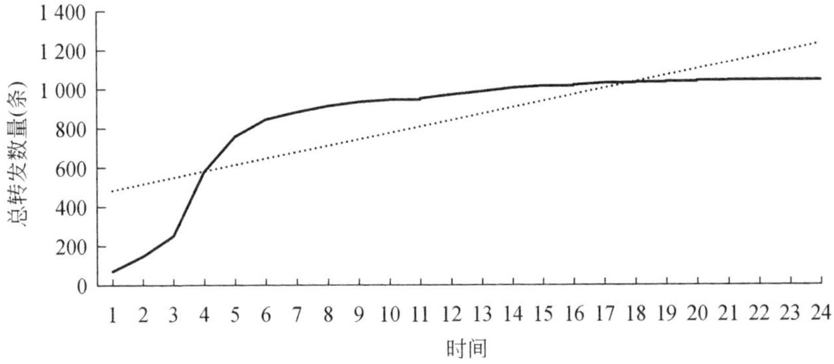

图 5.9　总转发数量与时间关系

到这条微博的概率和用户对微博转发概率共同决定的。

建立了一个以 SIR 病毒扩散模型为基础的过程模拟模型，定义在整个模型中的各个状态为正常状态、感染状态和治愈状态，分别代表在未相信谣言、被谣言误导和了解真相后不再相信谣言三种状态。理论模型如图 5.10 所示。

根据微博用户对此类微博信息的反应，将整个微博转发过程分解为如下过程：第一步，浏览到谣言微博并做出对此微博的自我判断，如果不相信谣言则直接成为免疫者，这类人的特点是了解此谣言的相关信息，并对此有着自己的独特的认识，如果相信谣言则进入第二步；第二步，成为谣言感染者，并对谣言进行转发，转发的概率为某个值；第三步，接触到官方的辟谣信息，获知之前信息的错误性。

对这个过程中出现的辟谣信息的节点进行了设置，目前采用的方案分为两

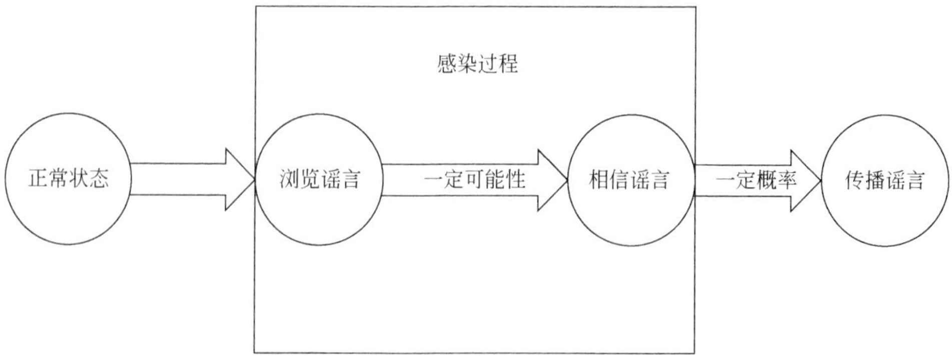

图 5. 10　SIR 感染模型

种。首先，如果对谣言的传播不加管制，直接观察谣言的扩散速度，那么微博转发周期指的是从发出微博到微博被淹没的整个时间周期。按照正常—浏览谣言—相信谣言—转发谣言的过程，创建基于智能体状态变化的模型。抽象出 10 000 个智能体，将每个微博用户都当作一个智能体，这些智能体有一个共性：对状态发生变化的反应是一样的，比如说，给智能体添加一个变迁，将此智能体从 A 状态转变到 B 状态，并将变迁定义为每隔一秒钟发生一次，那么整个智能体群中的所有智能体都会逐渐从状态 A 转化到状态 B。定义在一开始，也就是所有智能体都未接触到谣言的情况，为正常状态，智能体会按照时间按顺序进入正常状态，随后设置智能体群按照一定速度进行，所有智能体将做出回应，按照一定的速度随机发送信息给在系统内部的智能体，为了简化模型，在模型中将它称为“谣言”，当处于正常状态的智能体接收到此消息的时候，就有一定的概率成为感染者中的一员，并重复上诉的操作。这是模拟了谣言在人群中扩散机制，如果不加以控制，谣言的扩散速度是十分快速的。

设置谣言发布在一开始就启动，采用到时启动的设置，随机发送谣言文本，此时谣言进入智能体群并随机在群体中传播；接收到谣言者会变迁为感染者，并启动发送谣言的命令。将从正常状态转化为浏览谣言状态的速率为每小时 95 条，这与之前采集到的平均转发速度数据一致，同时设置正常转变为浏览谣言状态的速率为零，研究发现经过十分钟，实际时间为 5 小时，模型中受到感染的人数为 5778 人，占总人数的 58%，这与采集到的三级转发的数据不吻合，三级转发的数据在两天内接近 5000 条，这个速度大大超出了实际情况。所以这个简单的 SIR 模型与实际情况不符合。由于谣言进行扩散时，会受到辟谣信息的影响，而不是像真正的病毒那样，在人群中扩散。因此，在谣言传播的过程中，部分个体可能会先接触到辟谣信息，而后才会关注到谣言，此时该个体不会再去相信谣言而受到感染，于是对模型进行了更改。

(2) 模型改良

在第二个模型中加入了两个中间状态，分别是浏览谣言信息和浏览辟谣信息，这时的原始 SIR 模型已不再适用，于是采用 SEIR 模型，并在此基础上做修改。一般的 SEIR 模型就是在 SIR 模型的基础上，加入了 E（暴露者）这个中间状态，这个状态下的人，处于疾病的潜伏期，没有感染其他人的能力。我们在模型中将这一状态定义为浏览谣言信息，即已经浏览了虚假消息但是还未做出任何反应的个体。此时的模型状态之间变化的就变成了正常者—浏览谣言信息—传播谣言信息—恢复正常。经过研究发现，在大众关注某件公共事件时，有可能是一部分先浏览谣言信息，还有一部分人会先浏览到辟谣信息，考虑到这种情况，加入浏览辟谣信息这一状态，并对正常者进行分流。此时模型中的一条线路为：正常者—浏览谣言信息—传播谣言—浏览辟谣信息—恢复正常，另一条为：正常者—浏览辟谣信息—恢复正常。

给各个状态做出以下设置：正常状态按照一定的比例向浏览谣言信息和浏览辟谣信息两个状态分流；浏览谣言信息按照一定的概率进行传播状态；传播谣言时在智能体内部进行随机发送谣言指令使用的函数为 send（“感染”，RANDOM），给智能体设置当接收“谣言”时，就变为感染状态；当浏览辟谣信息时，个体会按照一定的速率进行辟谣信息的发送，文本为“辟谣”，函数为 deliverToAllAgentsInside（“辟谣”），当智能体接收“辟谣”时，转变状态为恢复正常。模型内主要的变量包括：①智能体群的总个体数，浏览谣言信息和浏览辟谣信息的速度；②接触谣言后变为感染者状态的条件；③浏览辟谣信息后恢复正常的速度；④正常者中浏览谣言信息和浏览辟谣信息各自的占比；⑤原始谣言扩散的速度等。此时的模型结构如图 5.11 所示。

在模型中建立两个基础事件：第一，建立随机发布谣言信息的控件，相当于在一时间由某个个体发布谣言，使谣言进入智能体群；第二，使用相同机制的发布辟谣信息的控件，在进入系统时，对周围随机发布辟谣信息。模型中，定义三个全局变量：①总感染人数，表示相信了谣言的个体数；②治愈人数，表示在接触辟谣信息后认识到谣言的虚假性的个体数；③当前感染人数，表示在此刻系统中存在的还在相信谣言的人数。

在软件中进行如下操作：①添加状态图，定义为浏览谣言信息，添加浏览谣言信息到感染状态的变迁，将变迁条件设置为接收到特定文本消息，将默认的“text”换为“谣言”；②在“感染”状态中添加自身内部指向变迁，并随机发送指令“谣言”，这里的目的是为了模拟，相信谣言的人会采取转发微博的方式去影响易感者；③再次添加状态，定义为浏览辟谣信息，定义从正常到浏览辟谣信

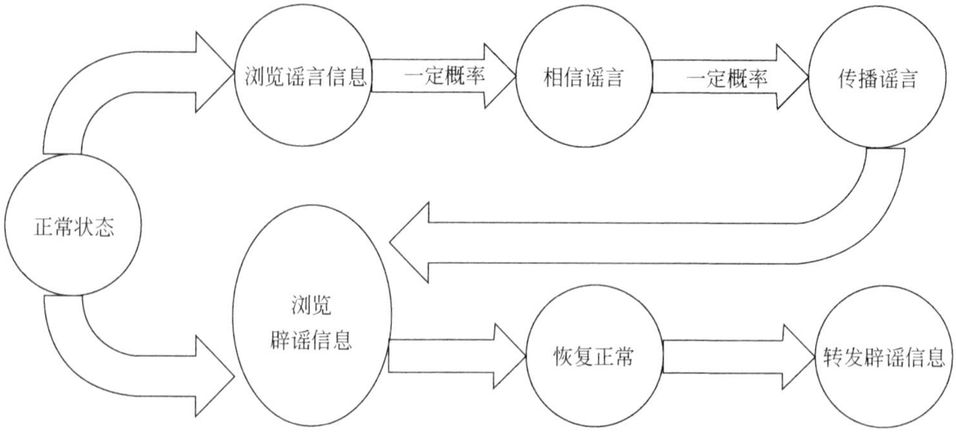

图 5.11　SEIR 改良模型

息状态的变迁，点击变迁条件为速率，设置为 95 条/时，并在内部添加命令，随机发送“辟谣信息”；④更改浏览辟谣信息到恢复正常的变迁条件为接收到特定文本“辟谣信息”。

设置参数进行调试，可以得到如图 5.12 显示的模型图，将正常状态转化为浏览谣言状态的速率为 95 条/时，正常状态转化为浏览辟谣状态的速率也是 95 条/时。这其实是对正常个体在接触到谣言可能性的模拟，这里做出的假设是接触到谣言和接触到辟谣信息的可能性都是 50%。可以得到结果如下，在第一个小时后，感染过的人数为 193 人，此时的处于感染状态的人数为 112 人，治愈人数为 81 人。对比我们获取的数据，在第一个小时转发辟谣信息的总人数为 129 人，前十个小时平均的治愈人数为 95 人。在此模型中，在前 10 个小时内，每小时平均新增的感染人数为 256 人，新增的治愈人数为 108 人，相较第一个模型的前十个小时平均感染人数为 547 人，这个感染速度大大降低。这个数据跟实际辟谣信息的浏览速度和转发速度比较接近。

5.5.1.3　仿真结果分析

(1) 研究结果

1）能够完成智能体在正常状态、阅读谣言状态、浏览辟谣状态、感染状态和恢复状态之间的变迁。

2）具有对处于正常状态、感染状态人数的随时间计数，时刻显示当前系统中的智能体状态。

3）模拟真实世界中，微博用户对于信息浏览的状态，可能是先浏览到谣言

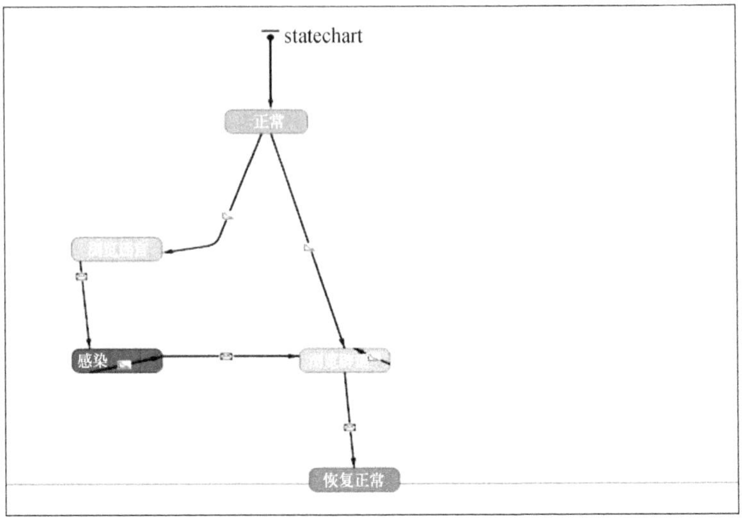

图 5.12　实际智能体模型

信息，也有可能先浏览到辟谣信息。

（2）结论

使用传统的 SIR 模型对谣言信息传播进行模拟时，由于没能体现辟谣信息在整个谣言信息扩散过程中起到的作用，模拟得到的数据结果跟现实结果差距很大，模型的应用性较弱，不适合模拟微博网络谣言在群体中传播。

当政府部门介入进行辟谣时，加入了群众对谣言信息和辟谣信息接受的优先级，辟谣信息的优先级大于谣言信息。使用 SEIR 模型的改进模型进行模拟会带来更好的模拟效果。SEIR 模型的改进版在对该类谣言信息扩散模拟的优势主要体现在状态之间的转变更流畅。智能体在接受谣言信息或者辟谣信息时能够体现出更为清晰的状态，存在中间的过渡状态，而不是直接从接触状态转化到感染状态，这比原始的 SIR 模型更加符合民众在浏览微博信息时的正常反应。所以在使用多智能体对整个谣言信息扩散以及辟谣信息扩散的模拟时，使用更为先进的 SEIR 模型能够更加准确地模拟出理想的效果。

5.5.1.4　相关思考

当政府部门介入到谣言事件时，谣言的扩散并不能单纯的按照其他普通信息一样去处理。如果不加管制，任谣言在人群中传播，谣言扩散速度是十分快速的，可以参考 SIR 模型下病毒的扩散速度，几乎是以指数增长的速度进行扩散。

可以在 SEIR 的基础上，对智能体状态的改变进行更加细化的定义，比如，尝试在模型中加入政府机构和“大 V 博主”这两个角色。做出如下思考：在 Any Logic 中将政府机构设置为独立的智能体，再设置一个“大 V 博主”的智能体群用来转发政府机构发布的微博，这样就可以独立控制政府机构的辟谣信息发布的速度跟频率。同时能够更加方便地追踪辟谣信息的来源，这一点在今后的研究中需要考虑进去。

5.5.2 案例分析：基于系统动力学建模的谣言信息与辟谣信息交互与仿真

案例分析以“无锡高架桥事件”为例，开展谣言信息与辟谣信息交互模型仿真实验。通过数据爬取的方式采集并预处理谣言事件相关数据；基于所构建的系统动力学模型，利用 Vensim 软件将预处理后的数据进行模型仿真，分别选取谣言本身、谣言主体、辟谣主体、媒体等四个主要变量作为控制变量，研究各个变量的改变对于谣言热度的影响，从而检验交互的程度。

在仿真开始前，做出以下两个假定：

假定 1：谣言与事件本身有对流作用。即在谣言事件本体和谣言之间没有单向信息流，谣言事件会影响谣言的传播，而谣言的传播又会左右谣言事件本身，两者互相影响与促进，所以谣言的发展也在不断变化。

假定 2：政府在谣言发展过程中发挥着积极引导作用。在谣言信息与辟谣信息的交流互动的过程中，由于谣言与公众的重要利益息息相关，因此，政府肯定会在传播与互动过程中参与其中，并且通过发布辟谣信息来应对谣言，从而使系统进入一个平稳的状态。

5.5.2.1 数据来源与处理

关于“无锡高架桥事件”的数据，主要是利用八爪鱼网络爬虫软件采集微博平台的谣言信息与辟谣信息传播数据，其部分统计数据如表 5.1 所示，采集到的数据进行 SPSS 拟合，运用到模型中“微博谣言数量”和“政府辟谣信息发布数量”两个变量公式中。

表 5.1 “无锡高架桥事件”相关数据

发布时间	微博谣言数量	谣言主体说明	辟谣信息发布数量	辟谣主体说明
2019 年 10 月 10 日 ~ 2019 年 12 月 30 日	132	微博意见领袖与公众	6668	无锡发布、中国互联网联合辟谣平台等官方媒体，以及公众的转发式辟谣

5.5.2.2 系统动力学模型构建

(1) 谣言信息与辟谣信息交互模型因果关系图

在前文对谣言信息与辟谣信息交互的影响因素做出了主要分析的基础上，本部分通过谣言热度传播与各要素的逻辑关系，绘制出因果关系图，具体如图5.13所示。其中，谣言热度是表征网络谣言传播速率的指标，指的是对在某段确定的时间内网民对关于某一谣言事件讨论程度，所以也可以作为表征谣言信息与辟谣信息交互的指标。

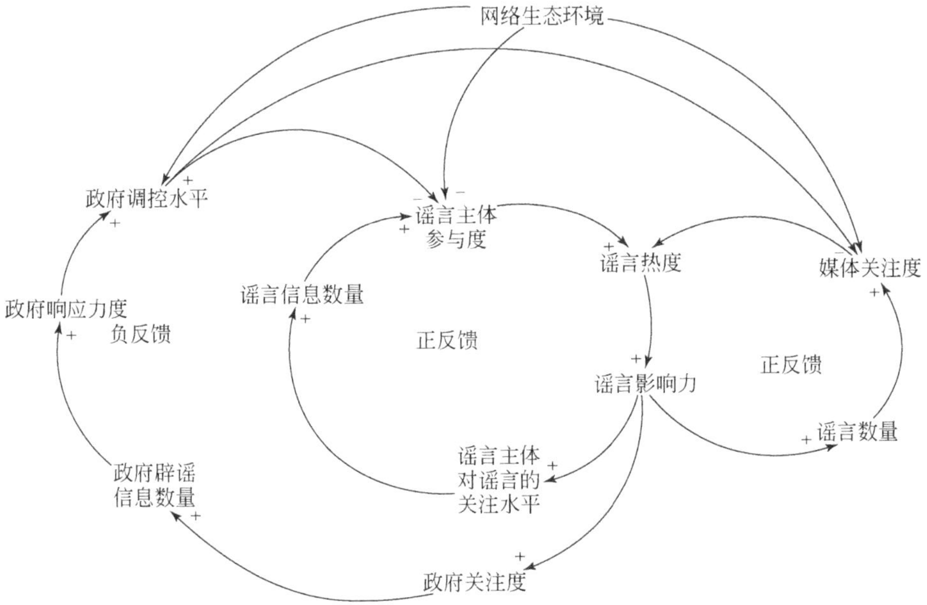

图5.13 谣言信息与辟谣信息交互模型因果关系

1）正反馈环：①谣言影响增加←—谣言热度上升←—谣言主体参与度提高←—微博谣言数量增加←—谣言主体对谣言的关注水平提高←—谣言影响力增加。②谣言影响力增加←—谣言热度上升←—媒体关注度增加←—谣言数量增加。

2）负反馈环：谣言影响力下降←—谣言热度下降←—网民与媒体的关注度下降←—政府管控水平提高←—政府响应力度提高←—政府发布的辟谣信息数量增加←—政府关注度增加←—谣言影响力增加。

(2) 谣言信息与辟谣信息交互模型存量流量图

根据5.4.2节对谣言信息与辟谣信息交互模型的存量与流量的分析，本案例分析根据谣言信息与辟谣信息交互模型的因果关系图，构建出该系统的存量流量图。谣言信息与辟谣信息交互系统的存量流量图如图 5.14 所示。

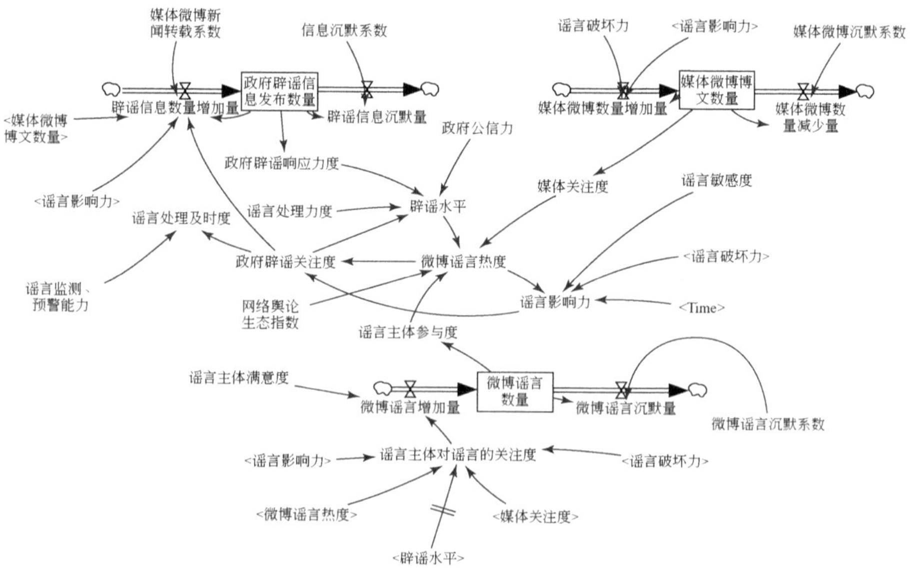

图 5.14　谣言信息与辟谣信息交互模型存量流量图

5.5.2.3　仿真结果分析

（1）仿真结果

在这一部分主要对模型的谣言信息与辟谣信息交互的传播结果进行分析和探究，其中微博谣言热度作为表征谣言信息与辟谣信息交互的指标，其在模型中的仿真结果图 5.15 所示。

如图 5.15 所示，在几个影响因素：谣言主体、辟谣主体、谣言本身、媒体和网络生态环境的协同作用之下，谣言在微博上的热度迅速攀升并达到顶峰，然后进入下降阶段，最后趋于稳定。国内外研究者提出的发展生命周期与模型的曲线变化趋势基本相吻合，在第一阶段的谣言潜伏期中，参与传播谣言的主体少之又少，辟谣主体还没有警觉到谣言信息的存在；在第二阶段的谣言发展期和高潮期，谣言的迅速扩散引起了公众的关注和参与；在第三阶段的反复期、衰退期，政府和与政府合作的各方媒体对谣言事件进行辟谣，或者由于其他衍生问题的产生，网民逐渐对原始谣言的热情减退；第四阶段通常会进入一个长尾期或是消弭期，在这个阶段新谣言不断产生，原始谣言几乎被遗忘，可能会逐渐趋向于 0。虽然本部分仅模拟了 1 到 60 个小时内的交互情况，观察期很短，但是，这种发

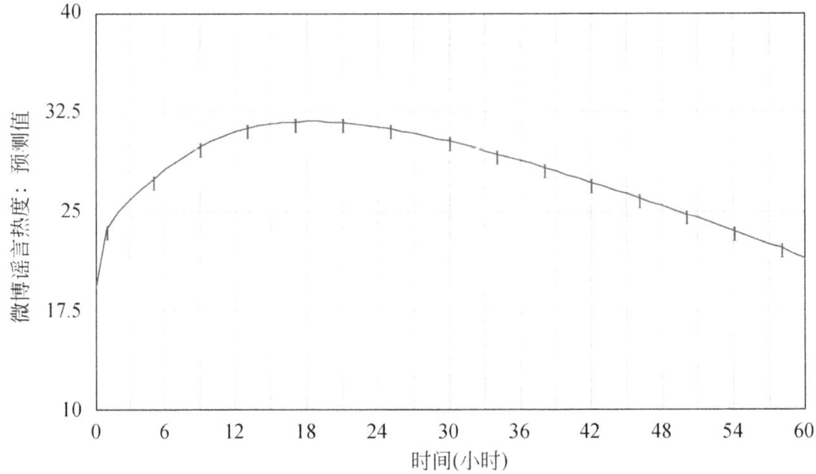

图 5.15　微博谣言热度仿真结果

展的趋势符合客观现实。对于一些公众特别关心的社会谣言，往往在事件发生后的几年内仍然有人持续关注。例如，2011 年 3 月的“福岛核泄漏事故”，直至现在都仍然有公众关注。

（2）调参分析

1）谣言敏感度。根据谣言敏感性的程度的差异，谣言主体、辟谣主题和媒体对于谣言也会做出不同的反应。当谣言涉及利益冲突或公共安全等相关的敏感话题时，往往会更容易引起三者的关注，网络谣言热度上升的可能性会更大。

如图 5.16 所示，当谣言敏感度增加 50% 时，模型中的模型曲线 1 与原来的谣言热度曲线 2 相比在其上方位置，即谣言敏感度与微博谣言热度呈正相关关系。谣言敏感度程度不同的谣言，产生的破坏力也不尽相同，敏感度较高的谣言对社会的不良影响较大，敏感度较低的谣言对社会与公众的影响相对较小。当谣言敏感度高时，媒体会主动参与其中进行跟踪报道，这会直接导致网络谣言热度的提高。在这种情况下，政府部门应对敏感度高的谣言应提高警惕，一旦发现就及时处理，避免谣言对公众造成进一步的伤害。

2）谣言主体参与度。谣言主体参与度可通过微博谣言数量这个指标来度量。微博是大众自由交流的场所，在微博中，用户可以自由评论和讨论谣言事件，微博会通过网民的连续阅读、发布、回复和转发，开始集成越来越多的个性化意见，随着微博用户在线和活动的关注持续增长，事件的范围和影响也逐渐扩大，这就刺激了网络谣言的持续发展。

如图 5.17 所示，当谣言主体参与度提高 50% 时，所得到的模型曲线 1 相比

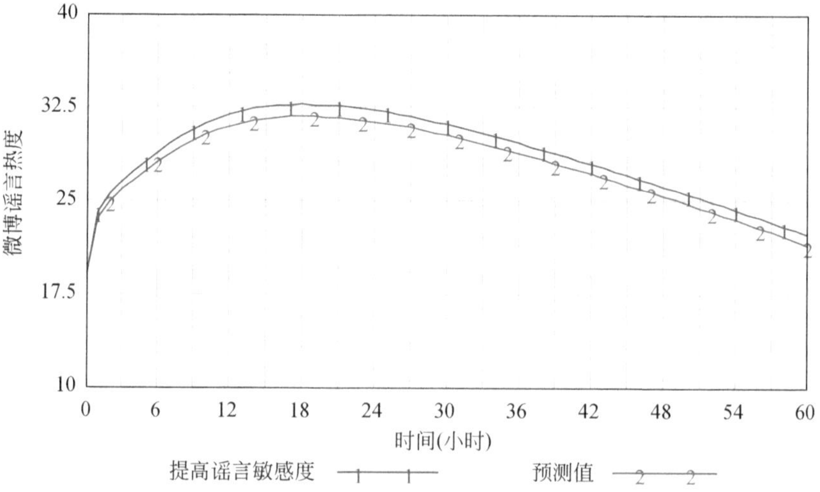

图 5.16　提高谣言敏感度的微博谣言热度仿真结果

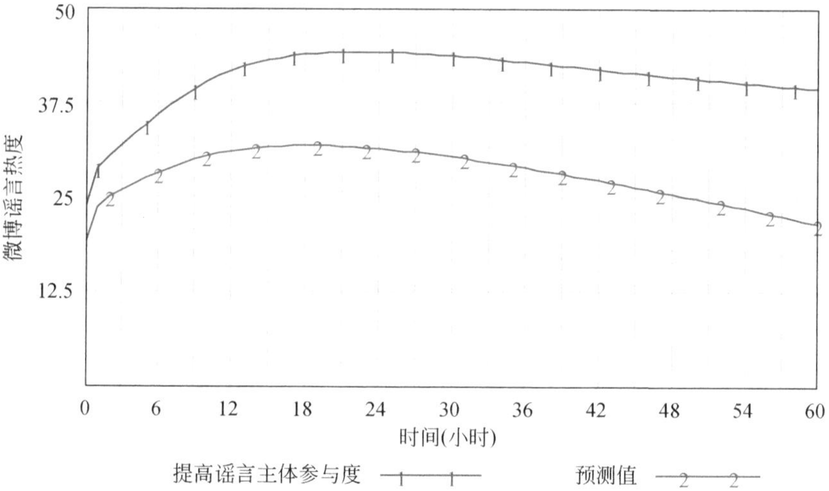

图 5.17　提高谣言主体参与度的微博谣言热度仿真结果

于原来的舆情热度曲线 2 有较大上升，即谣言主体参与度与微博谣言热度呈正相关关系。在存量流量图中，谣言主体参与度与微博谣言数量有关，微博谣言数量标志着主体参与的程度，当微博谣言数量多时，谣言主体参与度就相对高，随着越来越多的谣言主体参与到谣言事件的传播中来，事件的影响力就会扩大，谣言的热度就会上升。因此，政府为了让辟谣信息与谣言信息的覆盖度增大，应努力降低谣言主体参与度，建立辟谣平台，警示公众不要参与谣言传播。

3）政府关注度。政府对谣言的关注度受谣言的热度的影响，又通过辟谣水平反作用于微博谣言热度，形成了一个闭环。政府关注度的提高对微博谣言热度的影响如图 5. 18 所示。

如图 5. 18 所示，当政府关注度提高 50% 时，所得到的模型曲线 1 和原来的谣言热度曲线 2 相比在其下方，即政府关注度与微博谣言热度呈负相关关系。在辟谣主体政府介入谣言传播后，谣言信息与辟谣信息开始交互，辟谣信息逐渐覆盖谣言信息，部分公众会选择相信辟谣信息，而在心理上对谣言事件本身转变初始的看法，转而反对谣言信息，导致辟谣水平的提高，越来越多公众选择相信辟谣信息后，微博谣言热度就会逐渐下降至一个相对低的值。因此，为了更好地达到交互的效果，政府应该时刻警惕网络的“风吹草动”，对每个警示信息都不能放过，提高对谣言的侦察能力。

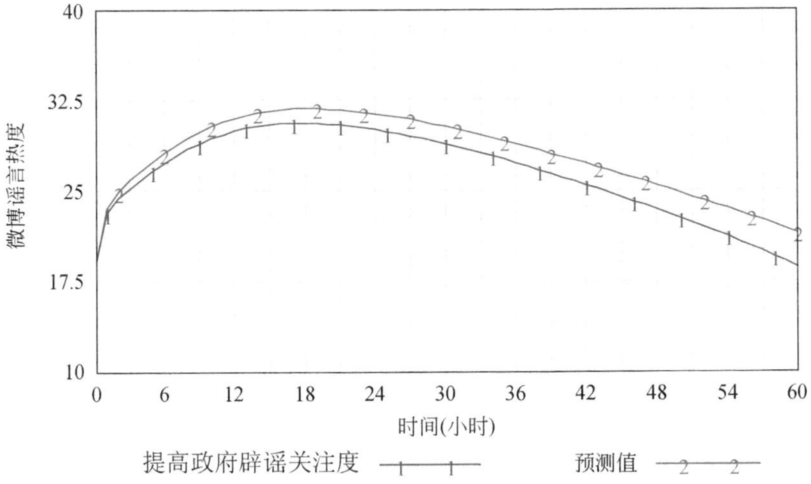

图 5. 18　提高政府关注度的微博谣言热度仿真结果

4）媒体关注度。与谣言主体参与度一样，媒体关注度的主要指标是媒体微博在一个时段内的发文数量，当媒体微博博文数量在短时间内增多时，意味着媒体关注度上升，媒体的介入会让谣言的传播加剧，从而为微博谣言热度造势。媒体关注度的提高对微博谣言热度的影响如图 5. 19 所示。

如图 5. 19 所示，当媒体对谣言关注度提高 50% 时，所得到的模型曲线 1 相比于原来的谣言热度曲线 2 有所上升，即媒体关注度与微博谣言热度呈正相关关系。当媒体介入谣言的传播时，从传播的角度来说使得谣言网络增大，更容易被公众接收，从而引起一阵讨论的热潮。因此，为了更好地达到交互效果，媒体应更加谨慎地对待谣言，谨言慎行、仔细调查，对热点事件应等待政府官方回应。

谣言信息与辟谣信息的交互是谣言本身、谣言主体、媒体、辟谣主体和网络舆论生态环境等因素共同影响、共同作用的结果，而谣言信息与辟谣信息传播网络的交互程度与谣言网络扩散程度有密切关系，随着交互程度的提升，谣言热度会下降，从而抑制谣言网络的扩散。从研究结论来看，政府通过对影响谣言热度的关键因素的把控，并对其进行有效管理，做好谣言预警，减少谣言对人民财产和心理的冲击。

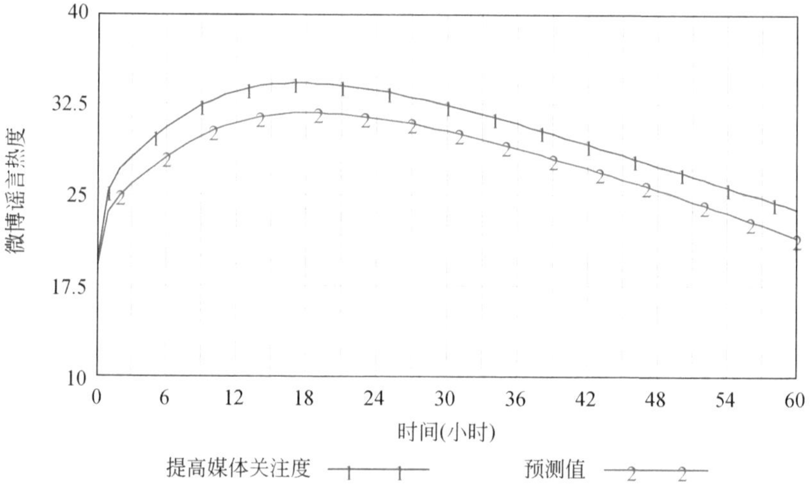

图 5.19　提高媒体关注度的微博谣言热度仿真结果

5.6 本章小结

本章主要从建模仿真的角度研究谣言与辟谣信息在线扩散的交互作用机制，并借助案例模拟出谣言传播和政府辟谣时的各种情况，探究其交互作用机制，试图探索出优良的政府辟谣策略，丰富谣言规避和管控的治理理论，并且为政府的谣言管控提出切实可靠的管理建议和治理方案。首先，在谣言信息与辟谣信息的交互部分，概述了用户信息交互相关概念和谣言信息与辟谣信息交互行为的特征；接着阐述了谣言信息与辟谣信息交互作用的四种模式。其次，在第二部分，本章探讨了影响谣言信息与辟谣信息交互作用的相关因素，包括谣言本身、谣言主体、政府、媒体和网络环境。第三部分重点分析谣言信息与辟谣信息交互的建模与仿真，包括仿真方法和仿真模型的介绍。在谣言信息与辟谣信息交互的动力学分析部分，重点分析了谣言信息与辟谣信息交互作用的因果关系和模型存量流量的构建。最后一部分基于 SEIR 模型和系统动力学对谣言信息与辟谣信息的交互进行仿真的案例分析。

本章参考文献

曹劲松 . 2010. 网络舆情的发展规律 . 新闻与写作，(5)：45-47.

巢乃鹏，黄娴 . 2004. 网络传播中的“谣言”现象研究 [J]. 情报理论与实践，(6)：586-589，575.

陈娟，刘燕平，邓胜利 . 2017. 政府辟谣信息的用户评论及其情感倾向的影响因素研究 [J]. 情报科学，35 (12)：61-65.

陈雪 . 2017. 社交网络辟谣策略研究——考虑辟谣过程的谣言传播模型研究 [J]. 南方农机，48 (15)：122-125.

邓胜利 . 2015. 网络用户信息交互行为研究模型 [J]. 情报理论与实践，38 (12)：53-56，87.

郭小安 . 2019. 舆论引导中情感资源的利用及反思 [J]. 新闻界，(12)：27-37.

霍良安，黄培清 . 2011. 突发事件中的谣言扩散问题研究——以日本大地震为例 [J]. 情报杂志，30 (10)：77-85.

江耘，王紫嫣 . 2015. 基于元胞自动机的网络舆情传播研究 [J]. 江西社会科学，35 (10)：207-210.

姜胜洪 . 2012. 网络谣言的形成、传导与舆情传导机制 . 重庆社会科学，(6)：12-20.

兰月新，董希琳，苏国强，等 . 2015. 大数据背景下微博舆情信息交互模型研究 [J]. 现代图书情报技术，31 (5)：24-33.

兰月新，夏一雪，刘冰月 . 2018. 面向突发事件的网络谣言传播主体建模与仿真研究 [J]. 情报科学，36 (5)：119-125.

李昊青 . 2015. 基于信息异化理论的网络衍生舆情演化规律及对策研究——以网络谣言治理为例 [J]. 现代情报，35 (4)：4-8，13.

李瑞 . 2019. 面向网络舆情监控的政府决策机理与效能提升研究 [D]. 长春：吉林大学硕士学位论文 .

李玉梅 . 2009. 人与信息交互视角下的知识服务系统分析 [J]. 情报科学，27 (5)：723-725.

刘锐 . 2016. 微信谣言元文本的召唤结构、受众期待视野与辟谣策略 [J]. 情报杂志，35 (12)：34-40.

刘燕平 . 2017. 政务微博治理网络谣言的效果分析与对策研究 [D]. 武汉：华中农业大学硕士学位论文 .

刘于思，徐煜 . 2016. 在线社会网络中的谣言信息与辟谣信息传播效果：探讨网络结构因素与社会心理过程的影响 [J]. 新闻与传播研究，23 (11)：51-69，127.

刘中刚 . 2017. 双面信息对辟谣效果的影响及辟谣者可信度的调节作用 [J]. 新闻与传播研究，24 (11)：49-63，127.

马超 . 2019. 健康议题辟谣社群的类别构成与社群结构研究——基于多主体谣言协同治理的视角 [J]. 情报杂志，38 (1)：96-105.

孟鸿，何燕芝 . 2012. 受众心理分析视角的网络谣言治理 [J]. 重庆社会科学，(10)：56-61.

冉茂洁，刘超，黄贤英，等.2018. 基于个体兴趣度差异和辟谣机制的谣言传播模型［J］. 计算机应用，38（11）：3312-3318.
任群.2017. 国内网络谣言的传播规律研究［J］. 济南：山东大学硕士学位论文.
宋之杰，石蕊，王建.2016. 权威信息发布对突发事件微博谣言传播的影响研究［J］. 情报杂志，35（12）：41-46，57.
仝冉冉.2019. 关于公共卫生事件网络谣言研究的文献综述［J］. 传媒论坛，20（2）：159-160.
童文胜，易柏慧.2020. 网络辟谣：国内研究进展与理论分析框架［J］. 情报杂志，39（6）：128-134，202.
王琳琳.2016. 基于系统动力学的突发公共事件网络舆情传播与政府应对研究［D］. 上海：华东师范大学硕士学位论文.
王筱莉，赵来军，吴忠.2015. 非均匀网络中考虑辟谣机制的谣言传播模型［J］. 系统工程，33（12）：139-145.
熊炎.2015. 辟谣信息构成要素：一种整合框架——二战以来西方辟谣实证研究回顾［J］. 广东行政学院学报，27（1）：512.
闫奕文.2017. 政务微信信息传播机理及效果评价研究［D］. 长春：吉林大学博士学位论文.
袁谅.2018. 微信谣言的受众心理研究［J］. 传播力研究，（7）：48-49.
曾润喜，陈创.2018. 涉民族类网络辟谣舆情传播过程中不同主体治理行为实证研究［J］. 中南民族大学学报（人文社会科学版），38（1）：22-26.
张耀辉，卢爽，刘冰.2012. 用户信息交互过程中影响信息质量的因素分析［J］. 情报理论与实践，35（6）：12-15.
张一文.2012. 突发性公共危机事件与网络舆情作用机制研究［D］. 北京：北京邮电大学博士学位论文.
周毅，张衍.2014. 以信息构建与信息交互为定位的信息管理专业教育——以美国 ischool 联盟院校为样本的分析［J］. 中国图书馆学报，40（6）：67-82.
朱霖河，李玲.2020. 基于辟谣机制的时滞谣言传播模型的动力学分析［J］. 物理学报，69（2）：67-77.
朱晓峰.2004. 生命周期方法论［J］. 科学学研究，22（6）：566-571.
Barabasi A L，Albert R. 1999. Emergence of Scaling in Random Networks［J］. Science，286：509-512.
Citrin J，Green D P，Wong C M C. 1997. Public opinion toward immigration reform：The role of economic motivations［J］. The Journal of Politics，59（3）：858-881.
Galam S. 2003. Modelling rumors：the no plane Pentagon French hoax case［J］. Physica a-Statistical Mechanics and Its Applications ，320：571-580.
Huo L A，Cheng Y，Liu C，et al. 2018. Dynamic analysis of rumor spreading model for considering active network nodes and nonlinear spreading rate［J］. Physica a-Statistical Mechanics and Its Applications，506：24-35.

Jaeger M E, Anthony S, Rosnow R L. 1980. Who hears what from whom and with what effect: A study of fumor [J]. Personality and Social Psychology Bulletin, 6 (3): 473-478.

Watts D J, Strogatz S H. 1998. Collective dynamics of 'small- world' networks [J]. Nature, 393: 440-442.

6 网络谣言管控的关键因素分析

识别网络谣言管控的关键因素，可以抓住规避与管控网络谣言在线扩散的主要问题，对网络谣言进行精准治理。政府在线发布辟谣信息的目的，是期望通过真实信息的传播和覆盖，去影响广大网络用户对网络谣言的态度，从而达到去伪存真的目标。但我们必须正视如下现实：网络用户见到或接触到政府辟谣信息后，可能会有多种情形，接受辟谣信息只是其中一种，还有的用户可能对辟谣信息持中立或不接受态度。在用户不能接受政府辟谣信息的前提下，政府辟谣信息的发布对这部分人群是无效的，无法达到网络谣言治理的目标。

上述逻辑推论可知，用户接触辟谣信息，并不能简单等同于用户接受政府辟谣信息，更不能等同于政府通过辟谣信息发布行为成功实施了谣言管控。由此可见，用户能在多大程度上接受政府辟谣信息，对于政府治理网络谣言尤为重要。本章主要从用户角度，考虑信息焦虑、社会支持、用户谣言甄别能力等因素，研究用户接受政府辟谣信息意愿。通过理论推理，分析各因素之间的相互作用关系，构建识别网络谣言管控中关键因素的理论模型。该工作可为后续研究网络谣言管控的路径识别打好基础。

6.1 用户信息焦虑

6.1.1 信息焦虑的定义

国内外学者对信息焦虑的研究由来已久。Power 在 1973 年提出了计算机焦虑的概念，Mellon 于 1986 年第一次提出了图书馆焦虑的概念。在 20 世纪 80 年代，信息架构之父理查德·沃尔曼提出并定义信息焦虑："信息焦虑是存在于数据与知识之间的黑洞，当所得的信息非所需求的，或是已理解的信息与本应该理解的信息之间存在差异，从而产生的紧张状态。"该定义将面对信息所产生的饥渴感和焦虑感与心理学相结合，形成一个信息社会中极具研究价值的概念。人们面对信息爆炸，无法使用正确的方式获取信息，无法在信息迷雾中满足自己的信息需求，从而产生的一种心理状态（Richard，1989）。在短时间内，个体所接收到的信息量过大，已超过其所能处理的信息量时，此时用户就很容易产生信息焦虑，具体表现为产生过度的焦虑或紧张的症状，从而导致对信息的处理能力下降。信息焦虑使得人们花更多的时间和精力在网络上寻找信息。在高强度的寻找后，人们会产生一系列的信息倦怠行为，可能会减少信息使用频率，甚至结束信息寻找活动。在此之后，用户的信息焦虑加重，从而会有抑郁等严重的心理情绪（袁静和李柯，2020）。曹锦丹等（2011）进一步进行定义，信息焦虑是信息用户在查询及利用信息的过程中，产生的紧张、不安、焦虑等负面状态，其产生的主要原因包括自身认知类型、信息质量、个人信息素养和检索工具等。基于以上研究，并结合政府辟谣环境，将信息焦虑定义为：短时间获取过多信息，超过了个体所能处理的信息量，从而无法准确地吸收或处理信息，以致产生焦虑不安的情绪。表 6.1 详细梳理了不同研究背景下信息焦虑的定义。

表 6.1　信息焦虑的定义

作者	主题	题目	定义	文献
龚花萍等（2020）	探究大学生信息焦虑行为影响因素及应对政策建议	《大学生信息焦虑行为影响因素及应对策略》	人们在信息海洋中接收到的信息量过多，因此人们无法承受、吸收、处理、消化这些冗余、不可靠的信息，由此便产生了焦虑、精神紧绷、惶恐、无能为力、自我强迫的精神状态，这种状态被称为信息焦虑，它是大脑抵抗适应低质量信息的体现	《情报理论与实践》
蔺丰奇和刘益（2007）	数字经济中的信息过载的探究	《信息过载问题研究述评》	信息过载所带来的问题，除了会降低人们的生活质量之外，还会给人们带来焦虑、困惑、不知所措等情绪	《情报理论与实践》
曹刚（2011）	探究大学生的信息焦虑程度与完美主义和自我效能感之间存在着某种联系	《高校学生信息焦虑影响因素分析及模型构建》	从网络信息角度出发，信息焦虑是由用户自身原因或检索系统原因等引起用户在网络信息检索过程中所产成的一种不愉快的情绪状态，这种不愉快的情绪状态包括紧张、惧怕不确定感、无助、挫败感、犹豫不决、自我否定等	硕士学位论文

续表

作者	主题	题目	定义	文献
Bawden 和 Robinson（2009）	信息的超载、焦虑和其他矛盾的研究	The dark side of information：Overload, anxiety and other paradoxes and pathologies	不可访问信息、不能理解信息或者无法利用信息时产生的一种压力状态，认为导致用户信息焦虑产生的主要原因是信息量过大以及与信息量过大对立的信息不足，还有用户对工作信息环境的理解	Journal of Information Science
李佳颐（2021）	探究大学生网络购物当中的信息焦虑影响因素	《大学生网络购物信息焦虑影响因素及应对策略研究》	在大量的泛滥的信息中寻找到所需要的信息并辨别、利用信息等。在这些信息活动中，信息用户不可避免地会产生一些紧张、焦灼、恐惧、不安等不良情绪，更甚者会因为这些不良的情绪而产生头晕、头痛、恶心等等的生理反应，这些都是典型的信息焦虑表现	硕士学位论文

6.1.2 用户信息焦虑的测度

信息焦虑属于一种无法直接测量的潜变量，需要通过开发量表对其进行测度。国内比较有影响力的信息焦虑量表是由曹锦丹等（2011）开发的。她依据已有理论，提出信息焦虑量表的基本结构，通过访谈和问卷调查，对影响信息焦虑的因素有着不同的描述，通过整理、归类和统计被访谈者关于信息焦虑原因的描述语，提取出测量信息焦虑的 5 个维度，包括用户自身信息素养、检索系统质量、用户认知特点、信息利用环境集、信息可靠性。该研究结论为后续研究信息焦虑开启了量化处理的手段。此后，程文英等（2014）进一步完善信息焦虑量表，删除原量表中的 10 个题项，极大地提高了信息焦虑量表的应用性和简洁性。

随着网络技术的不断发展，网络环境的不断变化，针对社交媒体环境下的信息焦虑测度研究不断涌现。韩蕾倩等（2019）探讨了微信信息焦虑量表的开发，利用访谈法和问卷调查法，从信息检索焦虑、信息质量焦虑、信息处理焦虑、信息安全焦虑、信息依赖焦虑、信息缺失焦虑六个维度，测量大学生微信信息焦虑状况。李柯（2020）针对移动社交媒体环境下用户信息焦虑进行研究，认为可从信息寻求焦虑、信息错失焦虑、信息过载焦虑、信息安全焦虑以及信息储存焦虑五个维度测量信息焦虑。袁静和李柯（2020）结合当前移动社交媒体的特点，从用户个体特征（人格特质和个人信息素养）、信息环境因素（信息过载、信息重复、垃圾信息和虚假信息）、移动社交媒体的功能性（是否操作烦琐、界面是否简约）、用户和社交媒体的契合程度等方面，将信息焦虑的测度量表更加细化，使其更加贴合媒体时代。

韩蕾倩等（2019）结合前人的研究，针对微信平台，对信息焦虑量表进行开发和应用进行了深入研究。研究结果表明，大学生普遍存在多种复合型微信信息焦虑，自我认知层次的信息焦虑低于实际信息焦虑状况，并验证了微信的信息质量最容易影响信息焦虑感，呼吁全社会关注信息所引发的心理健康问题，为微信信息焦虑问题的测量提供参考。

心理学及医学上常用的焦虑自评量表（Self-Rating Anxiety Scale，SAS）由 Zung 在 1971 年编制的，其测量维度及题项详见表 6.2。其量表构造的形式和具体评定的方法，都与抑郁自评量表（SDS）十分相似，是一种诊断病人主观症状的有效的测量工具。

表 6.2 Zung 编制的焦虑自测表

维度	对应的题目
焦虑心境	我觉得比平常容易紧张或着急
	我无缘无故地感到害怕
	我容易心里烦乱或觉得惊恐
	我觉得我可能将要发疯
	我觉得一切都很好，也不会发生什么不幸
躯体焦虑状态	我手脚发抖打颤
	我因为头痛、颈痛和背痛而苦恼
	我感觉容易衰弱和疲乏
	我心平气和，并且容易安静坐着
	我觉得心跳得很快
	我因为一阵阵头晕而苦恼
	我有晕倒发作，或觉得要晕倒似的感觉
	我吸气呼气都感到很容易
	我的手脚麻木和刺痛
	我因为胃痛和消化不良而苦恼
	我常常要小便
	我的手脚常常是干燥温暖的
	我脸红发热

续表

维度	对应的题目
睡眠状况	我容易入睡并且一夜睡得很好
	我做噩梦

由此可见，在不同的背景下，对信息焦虑的量化在不断完善与改进；并可以根据不同的情形背景，在保证问卷维度符合定义的前提下，进行不断的完善和更改。本章主要参考曹锦丹等（2011）的信息焦虑量表，其原量表的测量维度为“系统质量”“检索能力”“利用能力”“认知类型”“信息需求”“知识结构”，该量表经过多项研究成果的综合分析，其测量维度及题项具有代表性。因此本章以已有信息焦虑测量量表为基础，结合政府辟谣的环境与背景，在考虑辟谣效果的影响因素的前提下，对测量题项进行筛选与改编，重新形成包括 20 个题项的政府辟谣信息焦虑量表，如表 6.3 所示。

表 6.3　信息焦虑测度指标表

维度	对应的题目	来源
系统质量	您常常觉得目前政府信息组织形式比较合理	—
	您常常觉得垃圾信息、广告、大量相关信息掩盖了真正有用的信息	王畅（2010）
检索能力	在查询政府辟谣相关内容知识时，您常常无从下手	—
	您常常因为在海量信息中无法查找到自己所需要信息而感到烦躁	曹刚（2011）
	您是否能够准确检索到有关政府辟谣所需信息	—
	您在信息查询时，不能确定检索策略式或关键词	曹刚（2011）
利用能力	您能有效掌握政府辟谣信息查询的方法	—
	通常您处理查询结果时浪费了大量的时间	曹刚（2011）
认知类型	您觉得自己跟不上政府部门信息更新的速度	—
	您经常反复查询已查询过的政府辟谣的内容，以免错过信息更新	—
	您常常觉得别人比您知道更多政府辟谣消息	—
	您觉得信息检索最终结果与自己的检索初衷一致	刘根勤和曹博林（2012）
	您对所关注政府信息的更新速度满意	王畅（2010）
	检索过程中，您可以第一时间发现新的政府辟谣信息	—
	您觉得政府辟谣信息过于庞杂，掩盖了真正有用的信息	—
	您是否能够准确检索所需信息	—

续表

维度	对应的题目	来源
信息需求	您认为自己无法掌握数据库的所有查询功能	—
	在进行信息查询时您经常怀疑政府辟谣信息的真实性	王琳和马子乔（2020）
知识结构	您常常觉得目前信息组织形式比较合理，有利于信息利用	—
	您常常觉得政府辟谣信息查询结果较为准确	—

6.1.3 用户信息焦虑的影响因素

已有研究认为影响信息焦虑的因素主要包括个体因素、信息资源因素和环境因素等三个方面。具体而言，用户个体因素包括个人认知、信息素养（龚花萍等，2020）、用户的性格特质（李柯，2020）。其中，李柯（2020）认为用户的性格特质对信息焦虑有显著的影响，越具有责任感的用户往往更加沉着冷静，呈现较低的信息焦虑水平。信息资源因素包括信息质量和信息检索系统（龚花萍等，2020）。环境因素主要包括技术环境和信息利用环境等（袁静和李柯，2020；龚花萍等，2020）。而袁文萍和王萍莉（2013）在大学生信息焦虑的研究综述中认为影响信息焦虑的因素包括：信息的数量及便利性、信息获取和信息可靠性、个人信息素养和用户认知特点等。

（1）信息素养

信息素养被认为是信息活动用户产生焦虑心理的一个重要原因。信息素养包括信息检索技能、计算机技能、信息应用能力和信息辨别能力。由于个人在信息活动过程中信息检索技能、计算机技能、信息应用能力的不足，面对海量信息就会措手不及，从而产生精神紧绷、惶恐、无能为力、自我强迫的精神状态，造成较高的信息焦虑情绪。具有较强信息辨别能力者，由于其掌握了较高的信息技能或者具有丰富相关经验，可以顺利识别信息真伪、有效获取有价值的信息，其信息焦虑程度会较低。因此，可以推测，信息素养与信息焦虑呈负相关关系。

（2）信息认知

信息认知也被认为是产生信息焦虑心理的主要原因。信息认知包括个人的知识结构、外语水平、性格和自我认知等。例如，性情急躁的人自我调节情绪能力较差，其在进行信息处理时容易受到性格影响而产生信息焦虑。反之，心情稳重的人可以更好地调节情绪，其在进行信息处理时不易受到性格影响，且其信息焦虑程度保持在较低水平。另外，由于个人的专业知识储备及外语水平等也属于个人认知范畴，个人在学习生活中，由于个人外文水平较低、知识储备量不足等原因，也容易出现较高的信息焦虑的现象。因此可以推测，信息认知程度较高的用户，可以更高效地获得其所需要的信息，因此其可能产生较小的信息焦虑。

（3）信息质量

信息质量主要指用户通过信息检索获得的信息是否真实，信息数量是否过多，信息是否存在虚假，信息的科学性、权威性能否得到保障等问题。在信息数量上，过多且重复的信息容易使用户在查询信息时错过需要的信息；或者在处理信息时耗费的时间过长，且无法查找到对自己有用的信息，从而产生烦躁、不安的情绪，推测其可能会产生较高的信息焦虑。在权威性能否得到保障方面，如果用户接触到权威性较高的信息，那么其在应用信息时可能会得到质量较高的信息，并且可能减少犯错误，其信息焦虑程度可能降低。

（4）检索系统质量

检索系统质量包括数据库更新速度、检索方式难易程度、所提供的功能能否满足用户的需要、能否提供全文、搜索引擎检索质量及权威性如何、提供信息的方式是否符合用户习惯等。有部分被调查者认为检索系统质量是产生信息焦虑的较大的原因。在提供信息的方式是否符合用户习惯上，如果检索系统具有个性化检索服务，并可以满足不同用户的使用习惯，那么用户在检索信息时会更加适应检索系统，减少其在使用过程中的不便利条件，从而减少信息焦虑程度。由此可以推测，检索系统质量和信息焦虑可能呈现负相关性，检索系统质量越高，那么其信息焦虑程度可能越低。

（5）信息利用环境

信息利用环境是指使用限制、网络条件和语言环境等。在现代社会，用户的信息活动离不开计算机和网络环境。调查发现来自计算机利用条件及环境方面的焦虑为数不少，一些被调查者认为网速慢、网站收费、使用权限等一些客观条件也是造成用户信息焦虑的原因之一。如果用户在处理信息活动中受到信息利用环境的限制，那么用户就不能顺利地获取自己需要的信息，从而产生失望和放弃信息获取的念头，由此会产生较高的信息焦虑。因此可以推测，良好的信息利用环境会降低信息焦虑程度。

6.1.4 用户信息焦虑与谣言甄别能力的关系

谣言甄别能力影响因素中包含个人层面中的个人差异，个人的信息处理能力具有一定的差异性，其差异性最显著地表现于产生不同程度的信息焦虑。

张晓飞（2021）在研究新型冠状病毒肺炎疫情背景下谣言信任与后果产生机制中证明，焦虑正向影响人们对谣言的信任，从而导致负面的后果。焦虑是个体在风险情境中，由于担心潜在负面结果而产生的消极情绪。

素。受教育程度越高，谣言的甄别能力可能会越强（邹静莹，2019）。大学生拥有的思辨、鉴别、自我控制和质疑等能力与谣言的鉴别能力呈正相关（宋敏，2016）。在网络谣言鉴别行为情景下，公众网民的行为态度、风险感知、社会资本和法律惩戒力度等，均与公众的网络谣言辨别行为意愿呈正相关（张会平等，2017；郑洲偲，2020）。

表 6.7　谣言鉴别能力测量表

维度	测度内容	来源
信息客观性	您将政府辟谣信息中出现不承认反对的观点情况判定为伪信息	李月琳和张秀（2018）
	您将政府辟谣信息中出现诱导性文字判定为伪信息	—
	您将文中出现鼓舞性的宣传和推广性文字判定为伪信息	李月琳和张秀（2018）
语句错误	您将政府辟谣信息中声称独特、机密信息的语句判定为伪信息	—
	您将政府辟谣信息中否定性信息的语句判定为伪信息	—
	您将出现标点问题的语句判定为伪信息	李月琳和张秀（2018）
	您将出现不当空格的语句判定为伪信息	—
	您将文中出现文字错误的语句判定为伪信息	—
	您将政府辟谣信息中夸张或绝对的语句判定为伪信息	—
语法错误	您将政府辟谣信息中语法错误情况判定为伪信息	—
	您将出现内容不完整情况判定为伪信息	—
检验真实性	当我认为辟谣信息的真实性不可靠时，我会验证该信息的来源	郑洲倨（2020）
	当我认为辟谣信息的真实性不可靠时，我会通过搜索引擎等多种渠道来验证其真实性	郑洲倨（2020）
	当我认为辟谣信息的真实性不可靠时，我会参与网上互动讨论验证其真实性	张会平等（2017）

综上所述，基于政府辟谣信息的背景，推测影响网民谣言鉴别能力的因素包括：受教育程度、风险感知、信息监管力度和质疑能力。

1）受教育程度。受教育程度是指个人受到教育的最高学历，或者根据一定社会的现实和未来的需要，在遵循年轻一代身心发展的规律的基础上，有目的、有计划、有组织、系统地引导受教育者获得知识技能，陶冶思想品德、发展智力和体力程度的高低。本书从教育的功能出发，认为教育有增强人们辨别是非的能力，假如网民受教育程度越高，推测其辨别谣言能力可能更高。

2）风险感知。风险感知是指对发生某种危害性事件的可能性或频率及发生后果严重性的函数。当网民遇到政府辟谣信息时，假如网民对风险的感知非常敏感，且网民觉得其信息行为存在风险，就会主动地控制信息的传播，并避免由此带来的各种风险。由此推测出，网民的风险感知越高，其谣言的甄别能力可能越强。

3）信息监管力度。信息监管力度是指相关网络信息的法律法规执行力的强弱程度。当监管部门加大对谣言的惩罚力度，以及通过大量典型网络谣言事件的曝光，来逐渐呈现出法律的威慑力和公信力，那么网民对网络谣言的认识也在不断清晰。假如，当网民怀疑获取的信息可能是谣言时，那么其可能通过查找相关法律法规和宣传资料来规避网络谣言信息。由此推测，信息监督力度与谣言甄别能力呈正相关关系。

4）质疑能力。质疑能力是指产生疑问之后勇于发问、独立思考、判断、不盲从大众、不迷信权威、敢于批判、努力追求真理的行动，以科学的态度怀疑、求真求通的精神进行积极探索真理的科学思维方式。假如当网民遇到政府辟谣信息时，其能够不盲从大众、不迷信权威，并进一步核实信息的来源或者辟谣信息其他相关特征，那么推测其更有可能准确地判断辟谣信息的真伪。由此推测，质疑能力与谣言甄别能力呈正相关关系。

6.3.4 谣言甄别能力与辟谣信息接受意愿关系

在互联网时代，从众心理使人们并不能总是保持理性的态度和行为，其在面对不同新颖的事物时，人们经常会做出不理性的想法和行为。受教育程度和质疑能力较低的网民在充满虚假消息的网络信息环境中，网民可能更愿意以从众心态接受多数人认为正确的信息，那么对辨别信息真伪的能力可能会下降，从而导致人们辟谣信息接受意愿减少。

宋雪雁和王萍（2010）认为用户信息实践是信息认识和采纳的基础，用户信息实践能力的高低直接影响用户实施信息采纳行为的顺利程度和行为结果的优劣，具有较好信息素养和高水平信息实践能力的用户会较好地采纳信息。李辉（2021）在研究电信诈骗情境下受害人欺诈信息接受意愿及其分享行为中，认为能力因素包括自我效能感和网络安全识别能力，并证明了受害人具备的网络安全识别能力越高，其欺诈信息接受意愿越低。

MacInnis 和 Jawors-ki 提出了 MOA（motivation-opportunity-ability）模型，该模型主要是用来解释个体信息行为发生动力的综合性理论框架。模型包含三个因大学生为研究对象，采用网络问卷调查，通过技术接受模型和信息系统成功模型为基础来构建研究模型，针对高等院校在校大学生微信平台学术公众号采纳意愿的影响因素进行研究，得出影响微信平台学术公众号采纳意愿的因素包括：用户习惯、感知易用性、创新性、社会影响、系统质量等，并且均与高校学生微信平台学术公众号采纳意愿呈正相关。甘俊（2018）对社会化媒体中信息接受意愿影响因素进行了研究，结果表明，信息内容丰富度、信息质量丰富度和感知利得对公众信息接受意愿有正向影响，而公众的感知利失对信息接受意愿产生负向影响，不同生活型态用户对信息接受意愿具有不同的调节作用。牟晓松和耿荣娜（2018）在大学生对微信朋友圈营销信息的接受意愿研究中得出：网络信任对大学生接受朋友圈营销信息呈正相关关系，即大学生在网络越信任其他人，那么大学生对微信朋友圈营销信息的接受意愿越强烈。

已有研究认为，影响辟谣信息接受意愿的主要因素包括主体影响因素和客体影响因素。具体而言，与主体相关的影响因素包括有用性感知和网络信息识别能力（王洪伟等，2015；李辉，2021）。而与客体相关的影响因素包括信息权威性和信息服务质量（李辉，2021；宋雪雁和王萍，2010）。

1）有用性感知是指，辟谣信息的接受者认为，政府提供的辟谣信息可以帮助其迅速找到所需学术资源，从而认为有助于其提高学习和研究水平。本书认为，当公众认为政府辟谣信息对其学习及研究的帮助程度越大，其接受政府辟谣信息的接受意愿越强烈。

2）网络信息识别能力是指，用户能够分辨网络信息真伪，淘汰虚假网络信息并且抵御谣言不良影响的能力。当用户具有较强的网络信息识别能力时，其可能对有较高质量和专业性更强的政府辟谣信息的接受意愿会更加强烈。因此推测，网络谣言识别能力与辟谣信息接受意愿可能呈正相关关系。

3）信息权威性是指，具有使人信服的力量和威望的性状，让人对结果不产生怀疑。政府部门及其组织机构作为国家公信力代表，有着最高的权威性，其发布的辟谣信息让公众产生怀疑的程度较小，并具有较高的信服力，因此公众很有可能愿意接受其发布的辟谣消息。因此推测，辟谣信息权威性越强，公众辟谣信息接受意愿越强。

4）信息服务质量是指，辟谣信息的发布者针对用户需求进行预测，并为其提供主动化和个性化服务的活动。因此推测，辟谣信息发布者提供的信息服务质量越高，公众对辟谣信息的接受意愿越强烈。

6.4.4 辟谣信息接受意愿与网络谣言管控效果关系

用户的信息接受意愿是影响政府网络谣言管控效果的重要构成因素，对于谣言对象持有不同的社会认同水平会导致个体对于谣言信息产生偏差性认知及评估。一般来说，对于谣言对象认同的个体倾向于不相信谣言，从而不受辟谣信息的影响；而对于谣言对象不认同的个体，倾向于相信谣言，会采纳辟谣信息的内容。本书从用户对政府持有积极或消极认同感的角度来探讨辟谣信息接受意愿与网络谣言管控效果关系。

有一些学者认为“塔西佗陷阱”是一种社会化的现象，即当政府部门或某一组织失去公信力时，无论说真话还是假话，做好事还是坏事，都会被认为是说假话、做坏事。倾向于不信任政治体系的人，也对虚假信息有更高的信念（Freelon and Wells，2020），这表明不信任可能促进危机期间谣言的爆发。对政府的不信任往往导致公民合规性较低。陈娟等（2018）指出，当发生危机事件后，政府应该在坚持客观态度下，及时甄别危机事件类型，并针对不同类型谣言采取不同的治理措施。发生危害性较大的谣言，如果政府主动实施补救措施，那么可以引导网民的正面情绪产生，并可能增加用户政府辟谣信息接受意愿，从而达到更好的网络谣言管控效果。

塔菲尔在社会认同理论中认为，社会认同主要来自群体成员身份或资格，人们努力追求或保持一种积极的社会认同，如果人们没有获得满意的社会认同，人们就会试图离开他们所属的群体或想办法实现积极的区分。由此可知，假设民众对政府持有积极的认同感或者立场，其可能持有政府辟谣消息有用性和权威性的观点，推测其有更强烈的接受政府辟谣信息的意愿，并可能减少信任其他来源的虚假谣言，那么政府网络谣言管控效果可能会更好。反之，当用户对政府持有消极的认同感，那么政府网络谣言管控效果可能不太理想。因此本书认为，辟谣信息接受意愿正向影响网络谣言管控效果。

基于上述分析，构建出网络谣言管控的关键因素识别理论模型框图，具体如图 6. 1 所示。受制于研究进度，我们针对上述理论框架所展开的调查数据还在整理过程中，实证分析过程与结果无法在本研究中悉数展示。但是，通过实证分析结果，我们可以清楚识别网络谣言管控的关键因素，并能根据路径分析结果的显著性，来识别关键路径。

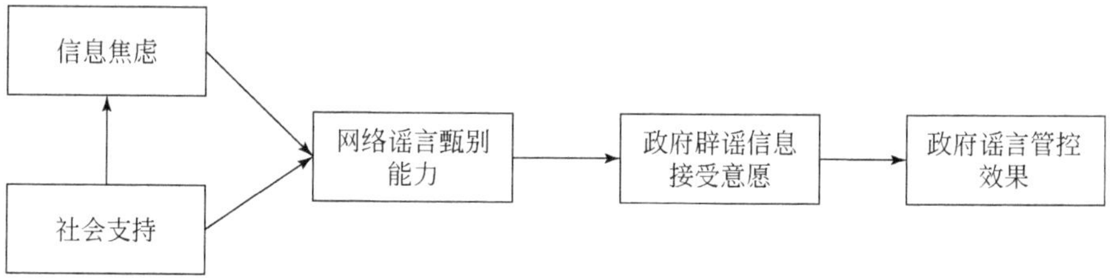

图 6. 1　网络谣言管控中的关键因素识别理论模型

本章参考文献

白宝鑫，黄照权，石武祥，等 . 2019. 广西毛南族农村老年人社会支持现状及其影响因素［J］. 中国老年学杂志，（17）：4348-4351.

曹刚 . 2011. 高校学生信息焦虑影响因素分析及模型构建［D］. 长春：吉林大学硕士学位论文 .

曹刚 . 2011. 探究大学生的信息焦虑程度与完美主义和自我效能感之间存在着某种联系［D］. 长春：吉林大学硕士学位论文 .

曹锦丹，王畅，梅松丽 . 2011. 信息焦虑量表编制及其信效度检验［J］. 图书情报工作，55（2）：29-32.

常姣姣，朱海东，张馨艺，等 . 2021. 社会支持对青少年亲社会行为的影响：社交焦虑和抑郁的中介作用［J］. 现代预防医学，48（12）：2210-2213.

陈娟，刘燕平，邓胜利 . 2018. 政务微博辟谣信息传播效果的影响因素研究［J］. 情报科学，36（1）：91-95.

陈晓磊，曹晓东，张岑，等 . 2020. 护理人员生活状态与社会支持的相关性研究［J］. 中西医结合护理，6（2）：86-89.

陈则谦 . 2013. MOA 模型的形成、发展与核心构念［J］. 图书馆学研究，13（17）：53-57.

程文英，曹锦丹，卢时雨 . 2014. 信息焦虑量表的修订［J］. 情报科学，32（1）：64-67.

大卫・帕金翰 . 2000. 英国的媒介素养教育：超越保护主义［J］. 宋小卫，译 . 新闻与传播研究，（2）：73-79.

甘俊 . 2018. 社会化媒体中信息接受意愿影响因素研究［J］. 智库时代，（45）：4-5.

龚花萍，吴灏驰，梅娇 . 2020. 大学生信息焦虑行为影响因素及应对策略［J］. 情报理论与实践，43（2）：55-60.

韩蕾倩，闫慧，赵昆明，等 . 2019. 微信信息焦虑的量表开发与应用［J］. 图书馆论坛，（9）：82-92.

黄谦，熊优，崔书琴，等 . 2021. 社会支持、退役准备与运动员退役应对积极性［J］. 体育学研究，35（3）：19-29，39.

纪亚男 . 2020. 媒介素养视阈下大学生谣言辨别能力及其影响因素研究［D］. 长春：吉林大学硕士学位论文 .

李辉 . 2021. 大数据环境下计算机网络信息安全的对策研究［J］. 信息记录材料，（5）：44-46.

李佳颐 . 2021. 大学生网络购物信息焦虑影响因素及应对策略研究［D］. 沈阳：辽宁师范大学硕士学位论文 .

李金津，潘文浩，张禹 . 2021. 大学生社会支持，拖延行为与心理健康的关系研究［J］. 现代商贸工业，42（20）：79-80.

李柯 . 2020. 移动社交媒体环境下用户信息焦虑研究 . 郑州：郑州大学硕士学位论文 .

李伟，陶沙 . 2003. 大学生的压力感与抑郁、焦虑的关系：社会支持的作用［J］. 中国临床心理学杂志，（2）：108-110.

李月琳，张秀 . 2018. 大学生社交媒体健康信息甄别能力研究［J］. 图书情报知识，（2）：

66-77.
蔺丰奇，刘益.2007. 信息过载问题研究述评［J］. 情报理论与实践，(5)：710-714.
刘根勤，曹博林.2012. 高校学生网络接触与信息焦虑实证研究［J］. 中国青年研究，(9)：53-57.
刘鸣筝，孔泽鸣.2017. 媒介素养视阈下公众谣言辨别能力及其影响因素的实证研究［J］. 新闻大学，(4)：102-109.
刘威，王鲜，杨亚谦，等.2021. 深圳市老年人群社会支持现状及影响因素分析［J］. 老年医学研究，(1)：31-36.
马桂芬，赵秀芳，邱生林.2006. 护士社会支持与焦虑状况相关因素调查分析［J］. 护理学杂志：综合版，(5)：48-49.
梅松丽，曹锦丹.2010. 信息焦虑的心理机制探析［J］. 医学与社会，23（10）：93-94.
牟晓松，耿荣娜.2018. 大学生对微信朋友圈营销信息的接受意愿［J］. 研究现代经济信息，(11)：340-342.
彭晓哲，崔芳，焦璨，等.2018. 谣言传播的情境、内容、传播者与受众特征及相关认知神经科学研究［J］. 心理科学，41（4）：916-921.
申子阳.2021. 中老年人健康信息甄别能力研究［D］. 太原：山西财经大学硕士学位论文.
宋敏.2016. 大学生网络信息辨别能力研究［D］. 沈阳：沈阳建筑大学硕士学位.
宋雪雁，王萍.2010. 信息采纳行为概念及影响因素研究［J］. 情报科学，28（5）：760-762.
田野.2013. 思想政治教育领域下大学生网络信息辨察能力的培养与引导［D］. 吉林：东北师范大学硕士学位论文.
王畅.2010. 信息焦虑量表的编制研究［D］. 长春：吉林大学硕士学位论文.
王丹凤.2018. 社交媒体产品推荐信息用户采纳意愿的影响因素研究［D］. 北京：北京邮电大学硕士学位论文.
王琳，马子乔.2020. 新冠肺炎疫情下大学生的信息焦虑研究——基于应激障碍水平的视角［J］. 现代情报，40（7）：14-24.
王宴庆，夏瑞雪.2015. 社会支持对信息焦虑与社交焦虑的调节作用［J］. 中国健康心理学杂志，23（9）：1370-1374.
王迎新.2013. 网络时代大学生面对灾难谣言的处理研究——以2012世界末日谣言为例［D］. 重庆：重庆大学硕士学位论文.
韦耀阳.2014. 大学生信息焦虑与网络依赖的关系研究［J］. 情报学，32（11）：88-91.
魏黎刚，张皙伟.2021. 心理社会支持系统对广泛性焦虑障碍患者焦虑症状、睡眠质量的影响［J］. 中国健康心理学杂志，29（6）：806-809.
魏倩倩.2012. 大学生网络信息辨别能力现状研究［J］. 现代商贸工业，23：197-198.
肖水源.1994. 社会支持评定量表的理论基础与研究应用［J］. 临床精神医学杂志，(2)：98-100.
杨飞飞.2015. 大学生志愿者成就动机、社会支持与心理健康的关系研究［J］. 扬州：扬州大学硕士学位论文.
杨翾，彭迪云，谢菲.2016. 基于TAM/TPB的感知风险认知对用户信任及其行为的影响研究

——以支付增值产品余额宝为例 [J]. 管理评论, (6): 229-240.
袁静, 李柯. 2020. 移动社交媒体环境下用户信息焦虑行为研究进展 [J]. 图书情报工作, 64 (11): 133-144.
袁文萍, 王萍莉. 2013. 大学生信息焦虑的研究综述 [J]. 黑河学刊, (2): 124-125.
翟兴, 王丽, 丁雨薇, 等. 2019. 高校学生微信平台学术公众号采纳意愿影响因素研究 [J]. 中华医学图书情报杂志, 28 (10): 7-17.
张会平, 郭宁, 杨国富, 等. 2017. 基于社会-技术框架的“互联网+政务服务”网络安全机制研究 [J]. 情报杂志, 36 (12): 16-21.
张晓飞. 2021. 基于大数据技术的网络舆情分析系统研究 [J]. 无线互联科技, 18 (2): 17-18.
张艳丰, 刘亚丽, 彭丽徽, 等. 2020. 移动社交媒体倦怠行为的影响因素与作用路径研究 [J]. 图书情报工作, 64 (13): 111-119.
郑洲偲. 2020. 网络谣言辨别行为意愿影响因素研究 [D]. 山东: 山东大学硕士学位论文.
朱晨曦, 常明, 周影, 等. 2018. 失独家庭父母的社会支持状况及影响因素研究 [J]. 中国全科医学, 21 (16): 1938-1943.
邹静莹. 2019. 受教育程度与谣言辨别能力的差异研究——基于“网民社会意识调查”数据库的验证 [J]. 统计与管理, (9): 73-77.
Bawden D, Robinson L. 2009. The dark side of information: overload, anxiety and other paradoxes and pathologies [J]. Journal of Information Science, 35 (2): 180-191.
Filieri R, Mcleay F. 2014. E- WOM and accommodation: An analysis of the factors that influence travelers' adoption of information from online reviews [J]. Journal of Travel Research, 53: 44-57.
Freelon D, Wells C. 2020. Disinformation as Political Communication [J]. Political Communication, 37: 145-156.
Gottlieb B H. 1981. Social support strategies: Guidelines for mental health practice. http://library.um.ac.id/free-contents/download/book/booksearch.php/Gottlieb.pdf.
Propp K M. 1997. Information utilization in small group decision making - A study of the evaluative interaction model [J]. Small Group Research, 28: 424-453.
Richard S W. 1989. 信息饥渴: 信息选取、表达与透析 [M]. 李银胜等, 译. 北京: 电子工业出版社.
Rogers G O. 1997. The Dynamics of Risk Perception: How Does Perceived Risk Respond to Risk Events [J]. Risk Analysis, 17 (6): 745-757.
Ryffc D, Singer B. 2000. Interpersonal flourishing: A positive health agenda for the new millennium [J]. Personality and Social Psychology, 4 (1): 30-44.
Sarason I G, Sarason B R. 1985. Life event, social support and illness [J]. Psychommed, 47 (2): 156-163.
Sussman S W, Siegal W S. 2003. Informational influence in organizations: An integrated approach to knowledge adoption [J]. Infor-Systems Research, 14 (1): 47-65.

7 网络谣言治理效果评价

谣言在线扩散的规避和管控是网络谣言治理的重要组成部分，评价网络谣言治理的效果，可以为政府有效管控网络谣言提供理论参考。虽然相关部门高度重视对网络谣言的治理，但随着网络治理的复杂性与交叉性、网络环境的复杂性和技术手段的隐蔽性，网络谣言治理过程非常复杂和艰难。因此，要提高政府网络谣言的管控效率，首先需要明确当前政府治理网络谣言的效果，以期为后续政府调控策略研究提供理论基础，提升政府舆情管控能力。

迄今为止，网络谣言治理效果的评价仍然缺乏统一的标准与尺度，缺乏相关针对性、全面性的评价指标。网络谣言治理效果的评价指标可以用来量化评价政府治理网络谣言的能力。通过量化各级指标，能够直观地表现政府部门网络谣言治理能力的强弱。现有谣言治理效果评价指标体系相关的理论研究较不完善，评价主观性较强，凭经验判断不足以保证评价的客观性和科学性。缺乏完整的评价指标体系的构建，量化政府网络谣言治理效果就无从谈起，准确识别影响网络谣言治理效果的关键因素和路径则更显困难。基于此，本章介绍网络舆情治理效果的相关评价指标、影响因素及评价原则与评价方法，并以此为理论基础，构建科学、合理、全面、完善的政府网络谣言治理效果评价指标体系，为政府治理网络谣言提供理论依据和实践指引。

7.1 网络谣言治理效果评价的研究意义

当前，我国正处于在全面推进国家治理体系和治理能力现代化的体制转型的关键阶段，在网络治理能力建设背景下，政府治理网络谣言的重要性日渐突出。政府对网络谣言治理达到预期效果，可以增强民众对政府的信任，也可让人民群众保持平稳的心态。有效地治理谣言还能够维护健康向上的网络环境，减轻维护社会秩序的压力。因此，在迈向新时期的路上各级政府机构治理网络谣言已经成为一种新常态，这也对提高政府有效应对舆情和执政管理能力具有重要意义。本章关于网络谣言的治理效果评价的研究方法和结论具有一定的理论意义和实践意义。

7.1.1 理论意义

党的十八大以来，社会治理理念开始运用于网络媒体的监管与治理，在强调综合利用多种手段之余，更加强调法治化思维和社会协同思维。十九大报告更是指出，要“加强互联网内容建设，建立网络综合治理体系，营造清朗的网络空间”。网络谣言治理是社会治理内容的重要组成部分，随着互联网技术的快速迭代升级，国家治理也面临着更多许多新问题新挑战，研究网络谣言治理的效果评价，能为我国治理网络谣言提供理论依据，有利于创新网络社会治理，建立并完善网络社会治理体系。

当前网络谣言治理已成为政府社会治理的新常态，政府网络谣言治理效果的评价面临启动不畅、责任不明、标准不一、约束不力的困境，其原因在于评价指标选择、评价指标体系构建、评价标准制定、评价制度设计执行等方面存在诸多难点，通过优化评价指标体系的构成，完善评价指标体系，构建责权清晰、导向有力、问责严明的评价约束机制，能有效化解当前网络谣言治理的困境，为促进政府治理能力的提升发挥积极作用。

研究结合网络谣言的产生原因、传播机制、治理措施和前人对网络谣言治理效果评价指标的选择，选取能量化且对谣言治理效果影响显著的指标，将指标细化为三级，使谣言治理效果量化评价更为准确并具参考意义。本章基于谣言治理构建了一套较为完整的评价体系，从政府公信力、辟谣信息的传播效果及公众满意度三个维度分析谣言治理效果，有利于弥补现有网络谣言治理效果评价方面的不足，丰富谣言治理效果评估的相关研究，为量化评价谣言治理的效果提供可行思路，为政府优化网络谣言治理体系和治理机制提供理论支撑。

7.1.2 实践意义

量化评价网络谣言治理的效果，可以为政府评估网络谣言治理效果提供新的思考方向，对政府管控舆情、提高社会治理能力具有重要的实践指导意义。首先，可以提高政府部门对网络谣言治理的认知。让政府部门了解网络谣言治理的相关影响因素，增强对于谣言治理的重视。其次，可以让政府将网络谣言治理效果评价体系运用到谣言治理实际工作中。研究各个维度影响因素对于谣言治理的影响，探究谣言和辟谣信息的传播特性及演化规律，有助于帮助政务部门熟悉信息传播的路径和网络，提高辟谣信息传播的速度和效率。

本章构建的指标体系可以避免仅从评论数、转发数等基础数据指标评定谣言治理效果的弊端，为谣言治理评价提供一个科学的量化方法，提高谣言治理效果评价的效率。网络谣言治理的相关评价指标的完整性与全面性分析为政府治理谣言提供依据与参考，有助于提高政府公信力；辟谣信息的传播效果分析可为相关部门的辟谣方案提供一些思路与改进方案；从受众角度分析公众对各类谣言的敏感度与理性判断程度，政府在治理谣言时可对症下药，让公民对网络谣言有清晰的认知与判断，培养网民理性判断谣言能力及不造谣、不信谣和不传谣的清晰认知，从而控制谣言的传播范围和速度，降低辟谣成本，优化谣言治理的决策方案。

7.2 网络谣言治理效果评价的理论基础

7.2.1 网络谣言治理效果评价的相关指标

已有研究在网络谣言治理效果的指标选择及影响因素等方面展开了尝试性研究，但学者们主要聚焦于具体案例去探析辟谣效果，分散研究较多，总结归纳较少，尚未建立起一个综合的、系统的指标体系用以量化评价网络谣言的治理效果。

从宏观层面来说，辟谣是谣言治理过程的一个重要环节，而网络谣言治理则是社会治理的重要环节。因此，网络谣言的治理范围超越了辟谣本身，对辟谣效果的评价仅是衡量谣言治理效果的一部分。然而作为网络谣言治理的重要环节，归纳和总结已有关于辟谣效果的相关指标，对构建完整、全面的网络谣言治理效果评价指标体系具有重要参考价值。已有关于辟谣效果的评价大多考虑信息传播、用户和影响力三个方面（表 7.1）。

表 7.1 辟谣效果评价的一般维度与指标

<table>
<tr><th>评价对象</th><th>评价维度</th><th>评价指标</th><th>指标内容</th><th>文献来源</th></tr>
<tr><td rowspan="4">辟谣效果</td><td rowspan="4">信息传播</td><td>辟谣信息处理能力</td><td>辟谣信息的处理量
辟谣信息的处理速度
辟谣信息的处理精确度</td><td rowspan="2">王国华等（2014）</td></tr>
<tr><td>辟谣依据的权威性</td><td>合理、权威的辟谣依据</td></tr>
<tr><td>动态性</td><td>辟谣平台具有较高的更新频率</td><td rowspan="2">刘妃等（2021）</td></tr>
<tr><td>及时性</td><td>辟谣平台具有较快的辟谣速度</td></tr>
</table>

续表

评价对象	评价维度	评价指标	指标内容	文献来源
辟谣效果	信息传播	信息传播效率	辟谣信息在特定时间下借助媒介载体传播的范围和广度，现实中体现为信息转发量、信息关注度等	王超（2019）
		信息影响效果	辟谣信息对于受众的观点态度、心理行为产生的影响程度，即多大程度改变受众对谣言的认知与态度	
	用户	互动性	辟谣平台用户具有较高的活跃程度	刘妃等（2021）
		美誉度	辟谣平台具有良好的口碑	
		受众的参与程度	民众参与辟谣活动的程度	王国华等（2014）
	影响力	辟谣的威慑效果	辟谣平台通过各种惩罚措施对造谣者形成威慑	
		辟谣的影响效果	辟谣信息对受众所造成的心理和观点态度上的影响	唐梦斐和王建成（2015）

7.2.1.1　基于信息传播的评价维度与指标

信息传播维度是辟谣效果评价研究的重点。辟谣信息的发布和传播是辟谣活动最重要的环节，辟谣效果本质上是回答辟谣信息的传播效果。信息传播效果作为传播学上的一个重要研究范畴，推动着传播学理论的发展，也为如何评价网络谣言治理效果提供了理论依据。在现代网络社交新媒体的背景下，信息传播活动是一个围绕信息内容和传播媒介而展开的动态互动过程，而政府辟谣则是政府在网络公共空间通过各种政务渠道发布辟谣信息并与公众展开互动的动态过程。基于信息传播维度的辟谣效果评价指标有辟谣信息处理能力、辟谣依据的权威性、动态性、及时性、信息传播效率和信息影响效果等6个指标。

7.2.1.2　基于用户的评价维度与指标

信息生态理论是用生态学角度分析信息的理论。信息生态是一个由人、行为、价值和技术在一定的环境下所构成的系统。信息生态系统理论包含信息人、信息和信息环境三大要素，对应到辟谣平台生态系统中即平台、用户、信息和信息环境。在信息生态中，其核心并非技术，而是技术所服务的人类。而在网络谣言治理的过程中，受众是推动舆情信息传播的重要力量。因此，用户是构建网络谣言治理效果评价的重要维度之一。基于用户维度的辟谣效果评价指标有互动性、美誉度、受众的参与程度。

7.2.1.3 基于影响力的评价维度与指标

基于影响力维度的辟谣效果评价是对辟谣最终取得效果的衡量。美国政治学家哈罗德·拉斯韦尔以建立模式的方法对人类社会的传播活动进行了分析，提出了著名的“5W”模式，用五个问题的回答来描述传播行为，即 Who（谁）、Says What（说了什么）、In Which Channel（通过什么渠道）、To Whom（对谁）、With What Effect（取得了什么效果）。五种要素的依次排列总结出信息传播的路径，揭示出信息传播的一般规律。作为信息传播的最后一环，“取得了什么效果”就是研究信息传播所产生的影响力。基于影响力维度的辟谣效果评价指标有辟谣的威慑效果和辟谣的影响效果。

7.2.2 网络谣言治理效果的相关影响因素

评价网络谣言治理的效果，不仅要明确其评价指标，更要准确识别出对网络谣言治理有显著影响的相关因素，本章研究的目的是要构建起一个综合、全面的评价指标体系，尽可能多方面考虑影响网络谣言治理效果的因素，并按照一定标准进行分类分析，这样才能确保评价体系的完整性和全面性。在影响因素的研究方面，现有探究网络谣言治理效果影响因素的研究维度主要包括辟谣和政府舆情回应两类。网络谣言治理最重要的主体是政府和公共部门。在网络谣言事件中，谣言能够在短时间内不断蔓延扩大，一个重要原因是权威、真实信息的缺失。当民众不能及时获取权威信息时，小道消息就越传越盛。因此，在谣言产生初期，政府公共部门应该及时回应相关网络舆情并查明真相。由此可见，政府对于舆情的回应效果与网络谣言的治理效果密切相关。此外，从治理的手段来看，政府通常采用发布辟谣信息的手段进行舆情回应和治理。如果政府辟谣及时、有效，民众就不会产生恐慌、害怕等心理。同样，辟谣效果的好坏同样可以用来衡量网络谣言治理的成效。辟谣效果评价和政府舆情回应效果评价不仅是网络谣言治理效果评价的重要组成部分，也是建构现代国家治理体系、提升政府网络治理能力的内在要求。

7.2.2.1 辟谣效果的影响因素

辟谣是对网络谣言的对抗与反击，其目的是说服受众相信关于某事件的陈述，直至谣言消失，辟谣效果本质是探究辟谣信息的说服效果。依据现有研究，将从三个维度分析辟谣效果的影响因素，分别为信息、辟谣行为和用户。具体内容如表 7.2 所示。

从信息维度来看，影响辟谣效果的主要因素有辟谣信息质量、信源可信度、信息与个体相关程度、辟谣信息交互策略、初始辟谣信息传播者的分布类型、信息组织方式、信源类型和内容特征。

表 7.2　辟谣效果的影响因素

因变量	维度	影响因素	含义	文献来源
辟谣效果	信息	辟谣信息质量	辟谣信息包含论据的强度	Bordia 等（1998）
		信源可信度	辟谣信息来源的可靠性、专业性和权威性	
		辟谣信息交互策略	包含“意见领袖”寻求策略、关系强度策略和综合策略	滕婕等（2020）
		初始辟谣信息传播者的分布类型	分别为垄断型、随机型和均匀型	
		信息组织方式	依靠客观统计的数据型论据和依靠情感叙事的叙述型论据	聂迪（2019）
		信源类型	辟谣信息的不同来源类型	
		内容特征	谣言类型、情感程度、辟谣方式、是否为原创	陈娟等（2018）
	辟谣行为	辟谣力度	辟谣者对谣言驳斥否定的程度	刘中刚（2021）
		辟谣时间	辟谣信息的发布时间	唐梦斐和王建成（2015）
		辟谣方式	辟谣信息发布的方式	
		辟谣连续性	政府的辟谣频次	
	用户	网络密度	网络中节点之间相互关联强度的平均值	刘于思和徐煜（2016）
		认同	受众对于谣言对象的不同社会认同	曾攀（2018）
		用户信息行为	用户对谣言信息和辟谣信息的信任度、用户焦虑度、用户向权威机构求证的概率、用户忽视谣言及质疑谣言的行为	屈楠伟等（2021）

（1）辟谣信息质量

辟谣信息质量指所涉信息包含论据的强度，信息的质量直接影响信息可信度，信息质量高的辟谣信息比信息质量低的辟谣信息更有效。信息质量对于说服效果主效应显著，即信息质量高的信息导致更高的态度改变。

（2）信源可信度

信源可信度是指辟谣信息来源的可靠性、专业性和权威性。在一般情况下，来源可信度越高，其说服效果越明显；信源可信度越低，其说服效果就越小。信息的可信性对消息的短期效果具有极为重要的影响，利用相关国家资质证书、权威机构认证、各行业内的专家学者来对谣言信息进行反驳和论证，通过权威的辟谣平台进行消息发布，并且尽可能做到用数据和事实辟谣，有助于增强辟谣效果。

（3）辟谣信息交互策略

辟谣信息交互策略包含“意见领袖”寻求策略、关系强度策略和综合策略。“意见领袖”寻求策略是指公众寻求周围传播能力强的个体获取信息的方法。关系强度策略是指寻求与自己关系强度较高的个体交流的方法。社交的关系强度影响用户的信任度。人们在舆情事件中，会受到与自己关系紧密的人的影响，和自己关系越紧密，关系强度越大，就会越相信对方。综合策略是在综合考虑传播能力和关系强度下的信息交流方式。辟谣信息交互策略对信息扩散效果的影响力具有显著性。群体在信息交互中，综合策略的辟谣信息传播效果最好，“意见领袖”寻求策略次之，关系强度策略最低。

（4）初始辟谣信息传播者的分布类型

辟谣信息传播者分布类型分别为垄断型、随机型和均匀型。垄断型指的是辟谣信息发布者的类型仅限于政府及官方媒体。随机型是每个个体都可能在网络上对辟谣信息进行传播。均匀型是指舆情事件下，群体结构中辟谣信息传播者之间的距离是一样的。初始辟谣信息传播者的分布类型决定最终辟谣信息扩散效果。

（5）信息组织方式

辟谣材料的信息组织方式大致分为两类：依靠客观统计的数据型论据和依靠情感叙事的叙述型论据。数据型论据利用量化的方法将舆情事件的相关要素具体化、数据化，具有较强的客观性和说服力；叙述型论据则是用故事或情感来支撑论点，更容易唤起读者关于时间段额记忆和情绪反应，促使受众认同这一信息，在受众的态度改变和判断上更有说服力度。

（6）信源类型

信源类型是指辟谣信息的不同来源类型，一般来说有官方来源、专业来源和民间来源。信源类型是影响信源可信性的重要因素，信源可信性会影响辟谣信息的传播效果，来自专业人士或官方机构的辟谣信息会更具有说服效力。一般来说，科学界和政府是公众最信任的主要信源。

（7）内容特征

内容特征是指辟谣信息内容的不同特征，主要包括谣言类型、情感程度、辟谣方式、是否为原创等。研究表明，谣言类型会部分影响辟谣信息传播效果。制度改革类谣言、生活常识类谣言、文化娱乐类谣言会影响用户转发量；医疗疾病谣言、制度改革谣言、生活常识类谣言、文化娱乐类谣言对用户评论数有显著影响。信息情感程度仅对评论数有显著负向影响。信息陈述方式和是否为原创对传播效果有显著正向影响。转发数和评论数是衡量辟谣信息传播效果的重要指标。

从辟谣行为维度来看，影响辟谣效果的主要因素有辟谣力度、辟谣时间、辟谣方式和辟谣连续性。

（1）辟谣力度

辟谣力度是指辟谣者对谣言驳斥否定的程度，即辟谣者在多大程度上否定谣言。辟谣力度影响受众对辟谣动机的理解：强烈情绪的辟谣会让受众怀疑其辟谣行为背后的动机；而较低力度的辟谣能够让受众认为辟谣是出于积极的动机。辟谣力度会影响受众对辟谣者的情感态度：较低力度的辟谣能够引发受众对辟谣者同情、信任等更积极的情感态度。辟谣力度影响辟谣信息可信度：对辟谣者形成的积极情感能间接提高辟谣信息可信度；当降低辟谣力度，能够避免“太好而不真实”的效应，提高辟谣信息自身的真实性。

（2）辟谣时间

辟谣时间是指辟谣信息发布的时间。辟谣信息发布时间严重滞后会导致短时间内舆情热度的飙升，从而使得不同类型谣言滋生，严重影响网络生态环境和舆情事件的处理。政府及时、快速、有效地发布辟谣信息有助于遏制谣言的进一步蔓延，最终提升辟谣效果。

（3）辟谣方式

辟谣方式是指政府利用不同方式进行辟谣，如利用政务微博发布相关辟谣信息。研究表明，提供图片、视频、链接等多媒体形式的信息的辟谣信息发布方式比简单的文字说明更具说服力。

（4）辟谣连续性

辟谣连续性主要是指政府的辟谣频次。政府辟谣频率和辟谣频次会改变受众原有的认知概念和认知态度。如果辟谣信息发布的频次过低，就会导致辟谣信息的不连续，不足以消除谣言在公众心中所造成的印象，辟谣效果会大打折扣。

从用户维度来看，影响辟谣效果的主要因素有网络密度、认同和用户信息行为。

（1）网络密度

网络密度是“网络中节点之间相互关联强度的平均值”。谣言在较低密度网络中的用户之间更容易得到传播，而高密度网络中的用户则会通过紧密的社会网络结构，吸收不同信源的信息进行相互佐证，验证信息的真实性。

（2）认同

认同是指受众对于谣言对象的不同社会认同。对于谣言对象持有不同的社会认同水平会导致个体对于谣言信息产生偏差性知觉及评估。一般来说，对于谣言对象认同的个体倾向于不相信谣言，从而不受辟谣信息的影响；而对于谣言对象不认同的个体，倾向于相信谣言，会采纳辟谣信息的内容。

（3）用户信息行为

社交媒体平台上的用户信息行为一般包括信息获取行为、信息创建行为、信息交互行为、信息利用行为及在线支付行为。在辟谣中，用户信息行为是指用户对谣言信息和辟谣信息的信任度、用户焦虑度、用户向权威机构求证的概率、用户忽视谣言及质疑谣言的行为。用户质疑率的提升，会加快辟谣信息效果达到最佳；用户对辟谣信息的信任度同样推动辟谣信息传播效果达到最佳；而用户向权威机构求证的行为影响程度较小。从谣言角度来看，用户对谣言的信任度、用户的焦虑度及用户忽视谣言的行为都会抑制辟谣信息的传播效果。

7.2.2.2 政府舆情回应效果的影响因素

网络中的舆情回应是当代政府的责任共识之一，是政府网络治理的新常态。政府舆情回应是指政府对相关舆情进行的回复和应对，它包括政府通过各种渠道向公众发布信息、回复诉求及对舆情事件开展的调查、处理和应对。舆情回应效果则是指客观的舆情化解程度、问题解决程度及主观的公众和媒体的体验、感受的综合体现。政府舆情回应效果的影响因素有官方响应、信息透明、动态反应、政府问责力度、事件谣言传播、舆情解决情况、曝光速度和“意见领袖”话语权。具体内容如表 7.3 所示。

表 7.3 政府舆情回应效果的影响因素

因变量	影响因素	含义	文献来源
政府舆情回应效果	官方响应	政府对公共舆情事件的响应应对情况	翁士洪（2020）
	信息透明	政府对事件的发布情况和发布程度	
	动态反应	政府随舆情事态发展而调整立场和解决方案	
	政府问责力度	政府对舆情无所作为的官员问责	原光和曹现强（2019a）
	事件谣言传播	舆情事件的谣言传播情况	宋欢迎等（2021）
	舆情解决情况	舆情事件是否得到妥善解决，情况是否良好	
	曝光速度	舆情事件发生到媒体首次曝光的时间差	
	“意见领袖”话语权	“意见领袖”在舆情事件中的话语作用	陈然（2017）

（1）官方响应

官方响应是指政府对公共舆情事件的响应应对情况。主动和迅速的官方响应能够促进信息对公众的透明化，及时反映官方态度。

（2）信息透明

信息透明是指政府对事件的发布情况和发布程度。信息的透明度越高，即官方对信息的公开度越高，表示政府对舆情的回应态度更加积极。

（3）动态反应

动态反应是指政府随舆情事态发展而调整立场和解决方案。动态反应作为政府对于公共事件态度与处理方式的转变指标，积极的动态反应是政府积极响应的象征。

（4）政府问责力度

政府问责力度是政府对舆情无所作为的官员问责。政府问责力度对政府响应效果有较大的正向影响作用。党的十八大后，随着政府问责力度的增强，政府对舆情响应的效果有明显提升。政府问责刚性要求能够明显提升网络谣言治理的效果，中央和上级部门的介入会显著改善政府响应。

（5）事件谣言传播

事件谣言传播是指舆情事件的谣言传播情况。当谣言传播少，政府响应的社会效果就越好。

（6）舆情解决情况

舆情解决情况是指舆情事件是否得到妥善解决，情况是否良好。舆情解决情况良好、曝光速度快时，政府响应的社会效果越好，公众对政府响应的态度更趋于肯定。

（7）曝光速度

曝光速度指舆情事件发生到媒体首次曝光的时间差。重大舆情事件曝光速度与政府响应效果存在正相关关系，即事件曝光速度越快，政府响应效果越好。

（8）“意见领袖”话语权

“意见领袖”话语权是指“意见领袖”在舆情事件中的话语作用。“意见领袖”，也叫“舆论领袖”，他们是在大众传播效果的形成过程中重要的中介，受众从他们那里获取信息，加速信息的扩散。在网络时代，社交发言话语权重置消解了政府固有的组织传播优势，“意见领袖”因身份的草根性和传播的技巧性反而更易获得民众的信任，成为民众信息与观点的双重来源。

7.2.3 效果评价的研究方法

应用于效果评价的研究方法包括熵值法、因子分析法、聚类分析法、层次分析法、数据包络分析法等。许多研究采用层次分析法作为指标赋权方法，因为在构造结构模型时，层次分析法能把系统问题条理化、层次化，使复杂问题被分解，简单易用，易为决策者了解和掌握。网络谣言治理效果的评价重点在于构建效果评价指标体系，并进行实证分析，因而对评价方法的选择和指标体系的构建则尤为重要，目前对效果评价多选用综合评价法。按照权数产生方法的不同，综合评价方法可分为主观赋权评价法和客观赋权评价法两大类。主观赋权评价法采取定性的方法，由专家根据经验进行主观判断而得到权数，然后再对指标进行综合评价，层次分析法、模糊评价法、指数加权法和功效系数法等。客观赋权评价法则根据指标之间的相关关系或各项指标的变异系数来确定权数，如熵值法、神经网络分析法、灰色关联分析法、主成分分析法、变异系数法、聚类分析法等。

综合评价法是指使用比较系统的、规范的方法对于多个指标、多个单位同时进行评价的方法。综合评价是一项系统性和复杂性的工作，是人们认识事物、理解事物并影响事物的重要手段之一，它是一种管理认知和决策过程，在经济、社会、科技、教育、管理与工程实践等领域具有大量广泛的应用。本章是基于综合评价这一视角，在对指标体系设置综合述评的基础上，总结现有研究的不足，故本节将选取几种典型的综合评价方法并对各评价方法的优缺点进行说明，为后续研究中的合理选择使用提供参考。

7.2.3.1 层次分析法

层次分析法（AHP）是20世纪70年代由著名运筹学家T. L. Saaty提出，它主要应用在不确定的情况下和具有多个评估准则的多因素复杂决策问题，AHP将定性和定量相结合，把某个复杂的决策问题作为一个系统，将影响决策的元素分解为总目标层、子目标层、评价准则层、具体方案层等自下而上的层次结构，再对同层次要素进行比较，判断得出重要度并排序。而后，将各层权重递归至总目标层，获得最终的优先权重，为决策提供参考依据。AHP方法大致步骤如下：①根据评价对象的性质和目标，建立系统的递阶层次结构；②对同一层次上的各要素对其上一层次的相对重要性进行两两比较，构造判断矩阵；③计算各要素的相对权重，进行层次单排序和一致性检验；④逐层合成计算每个判断矩阵各因素对目标层的相对权重，进行层次总排序，并对排序结果进行一致性检验。

（1）优点

1）定性与定量相结合。该方法首先对指标进行两两对比，并根据其重要性，由专家根据经验赋予指标权重，从而将定性指标定量化。赋权原理简单，评价结果可靠性高，误差小，能充分发挥定量分析与定性分析的优势。

2）所需定量数据信息较少。层次分析法模拟人脑的思维过程，将各要素抽象化、具体化、定量化，容易操作，无需过多的定量数据。

3）主观的逻辑判断分析与客观的精确推演计算相结合。使决策过程更具条理性和科学性，应用范围广泛，能处理很多棘手的实际问题。

（2）缺点

1）定量数据不足，主要依靠定性的方法，说服力低。人为赋予的指标重要性，差异性大，主观随意性强，说服力不足。

2）元素过多容易出现不一致问题。当同一层次的元素数量过多时，会影响决策者的判断，从而矩阵很难满足通过一致性检验，最终效果不理想。

3）AHP 方法需要求出矩阵的特征值，但是在 AHP 方法中一般用的是求平均值的方法来求特征值，这对于一些病态矩阵有系统误差。

7.2.3.2 模糊综合评价法

模糊综合评价（FCE）是一种基于模糊数学的综合评价方法，运用模糊关系合成的原理，针对评价对象因素的模糊性，将边界不清晰的因素定量化，从多个因素对被评价事物隶属等级状况进行综合性评价。FCE 方法的基本步骤如下：①确定评价对象的因素集 U 和评语集 V；②对各因素赋予相应的权数，得到权重集 A；③单因素评价，得到模糊关系矩阵 R；④将 A 与 R 合成计算得到各模糊综合评价结果向量 B；⑤对 B 进行分析、排序和择优。

（1）优点

1）该方法能够利用数字手段精确处理模糊的评价对象，并对结果做出全面、准确、合乎实际的量化评价结果。

2）评价结果丰富，能够准确地对评价对象进行画像，并对其进行加工，为决策提供参考。

3）可以避免评价结果偏差及累计误差的影响，使评价结果更好地反映出评价对象的整体特征和一般趋势。

（2）缺点

1）权重向量的主观性强。计算量大，计算步骤复杂，指标权重向量的确定主要依靠专家的经验，主观性较强，易造成评价信息的重复。

2）指标数量过多，会影响评判结果。当指标个数较多时，在权矢量和为 1 的条件约束下，相对隶属度权系数往往偏小，权矢量与模糊矩阵 R 不匹配，结果会出现超模糊现象，分辨率差，无法区分谁的隶属度更高，甚至造成评判失败。

7.2.3.3 主成分分析法

主成分分析方法（PCA）也称主分量分析，是一种把变量维数降低以便于描述、理解和分析的方法。其关键是重新组合一组新的互相无关的综合指标来代替原来指标，然后从中选择几个能够尽可能多地反映原来指标信息的综合指标。该方法利用指标之间的相关关系，利用降维的思想，将多个指标融合成几个包含原有指标主要信息的主成分，从而达到降低指标维度的目的。主成分分析的目的是将原来众多且具有一定相关性的变量，转化为几个相互无关的主成分来代替原有变量。

（1）优点

1）能够消除指标之间的相关关系，增强模型的稳定性。构造出的主成分相互独立，且能包含原有指标之间的信息量，并不影响测量结果，且实证表明，变量直接相关关系越强，模型效果越理想。

2）减小筛选指标的工作量。主成分分析用较少的指标来代替原来较多的指标，并使这些较少的指标尽可能地反映原来指标的信息，大大简化了原指标体系的指标结构。利用主成分分析方法，能够快速地消除指标之间的相关关系，并最大限度地保留原有信息量，从而减小筛选指标时的精力。

3）各综合因子的权重是根据综合因子的贡献率的大小确定的，避免了某些评价方法中人为确定权数的缺陷，使得综合评价结果唯一，而且客观合理。

（2）缺点

1）评价指标之间如果有多重相关性，那么主成分分析法可能会歪曲真实的数据信息，一些主成分将会过分地夸大某些因素的作用，而无法客观反映样本的统计特征。

2）主成分分析法赋权的结果可能与客观实际有些出入，也有可能无法客观地反映指标的实际重要程度。

3）主成分分析法的计算过程比较烦琐，且对样本量的要求较大，评价的结果跟样本量的规模有关系。

7.3 网络谣言治理效果评价指标体系的构建

一个具体的指标，可以反映特定研究对象的特定特征，以最客观、明了的方式说明事实。而一系列处于不同层级结构、相互联系、相互制约的具体指标则构成了一套科学的、完整的指标体系。通过综合的指标体系可以系统、全面地认识各种复杂现象的诸多特征和内在规律性。网络谣言治理效果的定量评价指标体系，是对政府治理网络谣言的效果进行科学定量评估的理论基础。在科学的评价指标体系的基础上，以从各种网络舆情信息源收集的舆情信息数据为基础，可以对特定的网络谣言的治理效果进行科学的定量评价。

7.3.1 指标选择原则

科学的评价指标体系，对网络谣言治理效果的评价结果具有至关重要的作用，政府网络谣言治理效果评价不同于一般效果评价，不仅仅考虑谣言治理本身和对受众的效果，还要考虑宏观层面对政府及整体社会影响。这就需要根据政府治理网络谣言的特点、影响因素进行合理设计。为了保证该评价指标体系的科学性，并能够得到全面、准确、合理的评价结果，在制定该评价指标体系的过程中，应遵循以下原则。

（1）科学性原则

选取的指标能够客观准确反映网络谣言治理效果的特点，并能够正确评价其影响。

（2）全面性原则

每项指标均能反映网络谣言治理的某一方面情况，整个指标体系能够反映网络谣言治理效果的方方面面。

（3）层次性原则

选取的指标要具有层次性，指标之间相对独立且不能相互隶属，下级指标与上级指标应具有隶属关系。

（4）指标可量化原则

为了能够对网络谣言治理效果进行量化的评价，因此需要对每个制定出的指标进行可量化的计算。这要求每个指标均能通过收集到的数据，转换成与网络谣言治理相对应的量化数值，进而服务于网络谣言治理效果的定量评价。

（5）指标精准性原则

过于烦琐的评价指标不仅会增加计算的复杂性与成本，同时容易影响计算结果的科学性。因此，用于网络谣言治理效果评价的指标并非数量越大越好，在多个候选指标中应选择其中较为精简和准确的指标。

7.3.2 指标选取的依据

从网络谣言的产生和传播来看，其产生原因主要有三点：第一，政府信息的透明度不高，使人们不能完全准确地获得信息；第二，信息技术的快速发展，使谣言得以在网络上大肆传播；第三，公众对谣言判别的非理性容易导致被带节奏谣言的传播模式包括一对一传播、一对多和多对多传播，传播涉及的对象主要包括网络平台和大众网民。根据已有研究，网络谣言治理的主体分为政府，谣言传播媒介和公众。由此可见，政府、网络平台和公众是网络谣言治理中不可或缺的组成部分。总结网络谣言治理效果评价的相关指标和影响因素的相关研究发现，网络谣言治理效果指标体系的构建一般从信息传播、用户和谣言治理的影响效果方面进行分析。

关于政府网络谣言治理的效果，一方面要求政府能够深入、全面地应对舆情事件，另一方面要求在应对舆情事件能够采取恰当、合法和理性的响应措施，这样不仅可以有效地解决问题，而且还能够降低不必要的自由损耗及外部影响。关于效果，这是网络谣言治理的根本目标和核心，在一定程度上影响民众对政府理性及法治化的评价。效果在很大程度上取决于政府的响应速度与态度，其最终体现为以下三个方面：①政府的公信力得以提升；②辟谣效果良好；③民众评价满意。因此，对政府网络谣言治理效果的评价应从政府本身、网络平台上舆情的信息治理及公众对于政府治理网络谣言的态度三方面入手。

7.3.2.1 政府本身

对于政府来说，政治信任是一种重要的政治情感，是公民对政府或政治系统运作产生的与其预期一致的结果的信念。作为公众政治认知、互动、表达和参与的平台，网络中相对多元和丰富的信息改变着公众的政治认知，这对于公众的政治信任也带来显著影响。从实证主义角度来看，个体对网络谣言的感知对政治信任具有消极影响。网络谣言加剧了社会紧张，并会带来骚乱，如果公众的决定是建立在错误信息认知上，或者公众不能用批判的眼光看待错误信息，那么，公众越是接触网络谣言内容，越可能滋生不信任感。这种公众对政府的信任感，即政府公信力。

政府公信力是政府通过自己的行为得到社会公众信任的认可的能力，反映人民群众对政府的信任度和满意度。网络谣言治理的政府公信力是公众对于政府治理网络谣言的认可与评价，包括对政府治理网络谣言的理解或者支持。舆情治理中提升政府公信力的关键在于政府对于谣言的回应。近年来互联网尤其社交媒体的迅速发展，改变了政府回应的时空和主体特征，许多公共事件发生后，不少政府部门并未适应网络社会时代对政府响应的新要求。其结果往往是公众对政府公布的事实真相和解释产生更大范围的关注和质疑，甚至宁可相信“谣言”，公众对于政府的信任正在流失。

有研究发现，政府回应性的提升对政府公信力的增强有着显著的积极影响。而政府回应性体现在政府对舆情事件的态度和处理两方面。具体来说，政府对舆情事件的态度政府，即网络谣言应对态度主要体现在对谣言的认知度和重视度。只有提高对网络谣言治理的认知和重视程度，才能在深入了解舆情事件的来龙去脉和网络谣言产生及传播相关过程的基础上对症下药。政府在对网络谣言治理树立了正确的应对态度之后，就应着手对具体舆情事件的谣言进行针对性处理。要想提高网络谣言处理的效率，关键在于速度和效度。网络谣言的处理速度可以用政府辟谣和事件信息的更新及时程度来衡量。而网络谣言处理的效度本身可以分为舆情事件处理过程中的效果和舆情事件处理之后的效果，如产生的一些社会效果等。建立一套科学、合理、完善的网络谣言治理效果评价指标体系，可为政府的形象建设提供一个可量化的标准。通过这个标准，可规范政府的行为，提高公信力，维持良好的政府形象，有利于提高政府绩效。所以政府网络舆情影响力的评估具有重要的现实意义，它的评估也成了必然。

7.3.2.2 网络平台舆情信息治理

网络谣言传播的载体和治理场域是基于互联网的各大社交新媒体平台。信息时代，伴随着计算机与通信技术的发展，网络所具有的数字化、大容量、及时性、双向性、跨时空等特征决定了它在信息传播中的自由性、时效性、多元性、交叉性和互补性。网络平台作为信息传播的主要媒介，不仅是谣言滋生的温床，也是发布和接收辟谣信息的主要场所。在网络信息传播中，信息传播效果直接影响信息受众所接收信息的客观性与真实性，进而影响信息效用发挥。辟谣信息的发布和传播作为网络谣言治理最主要的环节，其传播效果直接影响着网络谣言治理的效果。由此可见，要提高政府网络谣言治理的效果，必须提高在网络平台上的辟谣信息传播效果。传播效果是一个抽象、定性的概念。从广义上来说，传播效果是指受众接收信息后，其情感、知识、态度和行为等方面发生的变化；从狭义上来说，传播效果则是指传播者的目的和意图在传播活动中得到了多大程度上的实现。现有关于信息传播效果的研究，一般基于信息传播的速度、深度、强度、效度和广度等维度展开。

在政府辟谣中，辟谣信息传播的速度越快，受众接收到信息的速度也越快，所形成的传播效果也越好。信息传播效果的广度指接触环节所传播信息的受众规模。接触是媒介产生传播效果的首个环节，在这一阶段信息发布者要将信息发送给尽可能多的用户，只有使用户接触到信息才有机会对其产生影响。广度作为信息传播效果的基础指标，衡量信息在接触阶段的传播效果，体现了信息传播者的整体传播能力，辟谣信息所传播的范围越广，接收到信息的用户数量越多，所形成的传播效果越好。

信息传播效果的深度衡量接收阶段受众对接收的信息的接收程度。受众对网络中公共信息接受的程度越高，表示用户实际接收的信息流量越大，信息传播的深度效果越好。社会学家格奥尔特认为，社会是一群因相互作用联系到一起的个体的统称。而在虚拟网络上，网民通过借助自媒体媒介互动联系起来，形成的一个具有社会关系的网络社会。网络分析技术和社会科学中新制度主义范式下“结构—资源—行动”的理论视角转向，则为考察网络结构对人类传播行为的影响带来了新的机遇和要求。当前已有很多学者将其应用到传播网络结构分析，分析传播网络中传播主体的社会关系以及传播特征。在社会网络分析中，网络密度是衡量社会网络中节点紧密程度的关键指标。网络密度越大，表明网络中各节点间的联系越紧密，信息交流越频繁，整个网络的活跃度也相对更高。网络密度不仅能够引起不同密度网络中人们对谣言信任程度的反应差异，还能够促使人们对辟谣信息产生不同的扩散意愿。网络密度代表着个体的各个好友彼此之间是否具有广泛的联系。对于以个体为中心的在线社会网络而言，当其好友之间形成了互相联系紧密的凝聚群体后，这一高密度社会网络将有助于人们通过与多个信源的互动，迅速识别谣言，降低其对谣言的信念和传播意愿，同时增强其对辟谣信息的接触和传播意愿，加快辟谣信息的流动。在传统的传播模式下，用户只能被动地接收信息，而在社交网络时代，用户还可以转发、评论或点赞信息，使信息得到二次传播。对于政府辟谣来说，辟谣信息转发能够扩大信息影响力，评论能够丰富原始博文相关信息，增强信息的可信度，这两者在辟谣信息传播中起到了重要作用。传播层级指的是传播信息的原创或转载情况，一般用来衡量信息转发的级数。社交网络平台用户具有不同属性，基于不同用户属性的信息转发的层级数越多，说明信息在网络平台传的传播程度越深。

7.3.2.3 公众对网络谣言治理的态度

在网络谣言的产生和传播过程中，网络谣言能否蔓延和爆发，很大程度上是由社会公众尤其是其中网民的态度决定的。网络谣言能否“兴风作浪”，很大程度上取决于网民的态度。一方面，网民是网络传播的主体，往往是自觉不自觉地成为网络谣言的传播者。从网络谣言的传播机制看，造谣者在捏造谣言之后，往往是炒热话题以引起网民关注，然后背后操控网络舆论引导网民参与转评、转发、转帖，推动网络谣言扩散、发酵、升温，进而制造社会恐慌。由此可见，网民的关注度和参与度，是网络谣言能否滋长蔓延的关键所在。另一方面，网民也是网络谣言的受害者。网络谣言所引发的社会恐慌渗透到现实世界后，必将影响到网民的正常生活。所以大多数网民对网络谣言深恶痛绝，对于参与网络谣言治理的积极性和主观能动性很高。因此，网络谣言的善治，与网民息息相关。

从网民角度来看，辟谣信息应该尽可能地被网民群体所关注和认可，那么谣言就会不攻自破。而对于政府来说，政府谣言治理工作能尽可能地被公众所认可和信任，那么政府网络谣言治理的效果就会更好。传统的互联网信息治理针对“互联网信息”本身，虽然实施简单、方法直接、见效迅速，但存在着成本高、介入晚、反弹大等问题，治标不治本。“以人心为出发点”，找到治理的本源，早发现、早干预，才能够实现源头治理和标本兼治。“以人心为出发点”的治理观念是政府治理网络谣言的宗旨。在我国，政府部门坚持人民主体地位，践行全心全意为人民服务的根本宗旨，为人民呼吁、为人民做事，切实保障公众人身权、财产权等各项权利不受侵犯。

公众满意度是指在对政府工作有一定了解的基础上，公众对政府工作的满意程度，是公众心理状态的量化与测量。“新公共管理”理论强调顾客导向，政府应提供回应性服务，把公众的满意度作为追求目标和评价的标准，以公共利益为中心。网络谣言的传播，困扰社会和谐发展，激化社会矛盾，会对社会和个人造成惨痛的损失。尤其是在谣言传播过程中，掺杂着许多非理性的情绪，容易激化社会矛盾，酿成严重的社会群体性事件。网络谣言不仅破坏网络秩序、影响社会稳定，在大多数情况下还会侵害网民个人合法权益。关注网络谣言治理的公众满意度，构建网络谣言治理评价指标体系，坚持以公民为导向原则，体现了“以人为本”的理念，是建设服务型政府的应有之义。

基于以上认识，结合网络谣言的产生原因、传播机制、治理措施和前人对谣言治理效果评价指标的选择，从政府公信力、舆情信息治理、公众态度等方面选取能量化且对网络谣言治理效果影响显著的指标，将指标细化为三级，使谣言治理效果评估更准确、更具参考意义。新构建的网络谣言治理效果评价指标体系如表 7.4 所示。

表 7.4　网络谣言治理效果评价指标体系

一级指标	二级指标	三级指标	三级指标说明
E1 政府公信力	E11 谣言应对态度	E111 政府对谣言的认知度	政府对谣言本身和谣言治理重要性的认知
		E112 政府对谣言的重视度	利用网络治理的能力和“网络发言人”建立情况
	E12 谣言处理速度	E121 政务媒体辟谣及时性	政府是否在“黄金四小时”内进行舆情回应
		E122 舆情信息更新及时度	政府是否及时更新辟谣最新情况
	E13 谣言处理效度	E131 舆情事件处理效果	谣言治理中的部门联动范围及效果
		E132 舆情最终引导效果	舆情处理之后对网络生态和社会产生的影响

续表

一级指标	二级指标	三级指标	三级指标说明
E2 辟谣信息的传播效果	E21 辟谣信息传播速度	E211 辟谣信息平均传播量	辟谣信息在单位时间的传播量
		E212 辟谣信息公开及时性	发布辟谣信息与第一条谣言的时间差
	E22 辟谣信息传播广度	E221 运用媒体辟谣范围	辟谣所运用的政务媒体总数
		E222 辟谣信息覆盖度	辟谣信息的传播规模大小
	E23 辟谣信息传播深度	E231 辟谣信息传播的网络密度	辟谣信息的网络密度指标相关参数
		E232 辟谣信息的传播层级	信息转发级数以信息的原创或转载属性来衡量
E3 公众满意度	E31 公众认可度	E311 辟谣信息内容赞同度	每条辟谣信息所获得的网民点赞数
		E312 对待辟谣的理性程度	理性评论占总评论的比例
	E32 信效满意度	E321 对政府谣言回应可信度的评价	对政府回应可信度的直观评价
		E322 对政府谣言治理效率的评价	对谣言治理效率的直观评价
	E33 公众信任度	E331 对当前辟谣的信任度	对当前政府一系列辟谣活动的信任程度
		E332 对谣言治理预期满意度	对后续政府治理网络谣言的回应预期

7.3.3 末级指标的定义和量化

由于本书选取的部分网络谣言治理效果评价指标存在模糊性，较难进行量化，故采用定性和定量相结合的方法进行数据获取和量化。

7.3.3.1 定性指标的定义和量化

政府对谣言的认知度（E111）：首先是指政府对舆情中谣言本身的认知，例如网络谣言的产生和传播，治理的策略和机制的构建等。其次，是指政府对于网络谣言治理的重要性的认知。网络谣言的治理和舆情管控为营造健康的上网环境，推动网络生态持续向好，推进政府建设和推动社会发展有积极作用。政府作为重要的网络舆情调控引导力量，必须认识到舆情管控的重要性。

政府对谣言的重视度（E112）：指政府将网络舆情引导工作置于管理工作中的地位情况。该指标首先主要考查政府谣言治理能力，即在政府应对网络舆情时，是否高效、经常、主动的处理网络谣言，利用网络来解决网民问题；其次，考查政府“网络发言人”的建立情况，即指舆情危机产生、爆发到事件平息与善后处理过程中政府网络新闻发言人制度是否已建立，是否通过政务媒体在互联网上发布相关辟谣信息。

舆情事件处理效果（E131）：是指谣言治理中的部门联动范围及效果。在网络谣言治理中，政府各相关本门，如领导机构、责任部门、网监部门等在应对网络舆情时的联动协调程度和效果。

舆情最终引导效果（E132）：网络谣言的处理效度不仅要看特定舆情事件的处理效果，也要看政府在舆情处理之后对网络生态和社会产生的影响，以及舆情事件最终引导效果。这些影响包括：①政府信息公开的透明性和全面性的提升；②舆情回应途径更具多样性和广泛性；③政府对网络推手的识别与控制程度，挖掘、引导、培养“意见领袖”的数量等。

对政府谣言回应可信度的评价（E321）、对政府谣言治理效率的评价（E322）：公众对政府在具体政务舆情回应可信度和回应效率的满意度直观评价，包括回应速度、形式、层级、态度、实质等。

对当前辟谣的信任度（E331）：公众对政府在当前谣言治理中对谣言治理是否重视，对辟谣信息发布时间、内容，对公众舆情诉求是否及时回复的满意度直观评价，即公众对当前政府一系列辟谣活动的信任程度。

对谣言治理预期满意度（E332）：公众对下一次或后续政府治理网络谣言的回应预期，是更有信心，还是不抱希望，或是更加失望。

定性指标的量化采用专家打分方式。主观性指标转化为可定量测量的客观指标的方式是用德尔菲法进行赋值。具体做法是通过组织 10 位舆情管控领域专家组成专家组进行打分，取平均分，总分是 0 ~ 100 分。主观数据由指标体系末级指标制作开放式问卷获得；客观数据需要通过专家对客观数据资料打分或者采用数据挖掘软件抓取网络信息获取。分数值越大代表政府网络谣言治理效果在这个指标的表现越好。为了防止个人主观判断的误差，采用求几何平均值的方法得到定性指标量化数据。

7.3.3.2 定量指标的定义和量化

政务媒体辟谣及时性（E121）：信息发布的及时与否决定了事件不同的走向。“黄金四小时”原则强调的是新闻发布的及时性，政府要第一时间发声，做突发事件的“第一定义者”。考查政府辟谣的及时性，可以看政府是否第一时间处理问题，是否通过政务媒体在舆情应对的“黄金四小时”内进行回应。

舆情信息更新及时度（E122）：考查政府是否及时更新辟谣最新情况。通过每次舆情信息更新与前一次舆情信息更新的时间差来衡量。

辟谣信息传播的平均传播量（E211）：计算辟谣信息在单位时间的传播量，传播量用转发数，跟帖数等信息传播方式来衡量。

辟谣信息公开及时性（E212）：辟谣信息公开是在政府对舆情事件调查之后，进行的对舆情事件的回应。具体可以用发布辟谣信息与第一条谣言的时间差来测量。

运用媒体辟谣范围（E221）：在网络平台，政府主要通过各类政务媒体账号进行舆情事件的回应和辟谣信息的发布。指标量化可以计算辟谣所运用的政务媒体总数。

辟谣信息覆盖度（E222）：辟谣信息的覆盖度衡量辟谣信息的传播规模大小。在网络平台上，可以量化为所有相关该辟谣微博、发帖、文章等原创信息及它们的转发和转载数量的总和。

辟谣信息传播的网络密度（E231）：通常情况下，网络密度被定义为“网络中节点之间相互关联强度的平均值”。网络密度表示网络中节点用户之间的紧密程度，在传播网络结构分析中，网络密度表示形成的传播网络中传播主体之间的紧密程度。它主要采用网络节点数量、网络连接边数量、网络密度值、网络直径和网络平均度等指标参数测量和说明网络特性。

辟谣信息的传播层级（E232）：传播层级是信息转发级数，以信息的原创或转载属性来衡量，然后通过赋值转化进行测度。在本书中，可以将传播层级总结为三类，标注了原创内容和转载要求的信息属于一级传播层级，说明转载来源或声明出处的信息属于二级传播层级，没有任何原创性或转载说明的信息属于三级传播层级。对不同传播层级进行赋值，传播层级越低指标赋值越大。

辟谣信息内容赞同度（E311）：网络平台上，公众对于某条信息表示赞同的方式有点赞和评论。点赞数量可以直观反映出公众对该条辟谣信息内容的认可程度。因此，该指标可用每条辟谣信息所获得的网民点赞数来量化。

对待辟谣的理性程度（E312）：指理性评论占总评论的比例。通过对文本数据的情感分析进行理性程度的判断。参考现有中文情感词典，构建适合的情感分析词库，进行情感判定。对文本内容的情感分析判断方法是：当积极词汇/所有实词>消极词汇/所有实词，则判断为积极，反之判断为消极，当两者的比率相等时，则判断为中性，全部文本内容中性率反映了对谣言的理性程度。

7.3.4 基于层次分析法的指标权重确定

网络谣言治理效果评价的指标体系将选用专家打分法和层次分析法综合确定指标权重。在比较几种综合分析法优劣的基础上，本书将选择层次分析法进行部分指标权重的确定来演示其具体分析过程。层次分析法把研究对象作为一个系统，按照分解、比较判断、综合的思维方式进行决策，是继机理分析、统计分析之后发展起来的系统分析的重要工具。由于每级指标权重的计算方法其原理是一样的，故本节选取网络谣言治理效果评价指标体系中的一级指标和二级指标为例，介绍基于层次分析法的权重估计方法。

7.3.4.1 建立层次结构模型图

运用层次分析法的第一个步骤便是将待分析问题中的所有元素划分为不同层次，建立递阶层次结构模型，根据7.3.2节中一级指标和二级指标的选取，基于层次分析模型图，将网络谣言治理效果评价作为目标层（简称目标A）；将一级指标政府公信力、辟谣信息的传播效果和公众满意度作为准则层（简称准则B）；将二级指标谣言应对态度、谣言处理速度、谣言处理效度、辟谣信息传播速度、辟谣信息传播广度、辟谣信息传播深度、公众认可度、信效满意度和公众信任度作为方案层（简称方案C），构建如图7.1所示的网络谣言治理效果评价的层次结构模型图。

7.3.4.2 构造判断矩阵和一致性检验

（1）判断矩阵

判断矩阵是由多位专家对各层指标的相对重要性进行两两比较、判断，在汇总专家评价结果的基础上得到。构造判断矩阵是层次分析法的关键一步，在层次分析法中，判断矩阵表示针对上一层元素，本层次有关元素之间的相对重要性。其中，各对应的定量化的评分标准采用的是1～9标度方法。各种情况所对应的数值和意义如表7.5所示。这种具体指标间重要性的两两比较一般采用德尔菲法设计专家咨询问卷，请几位该领域的专家们进行赋值打分，并由此计算出平均分

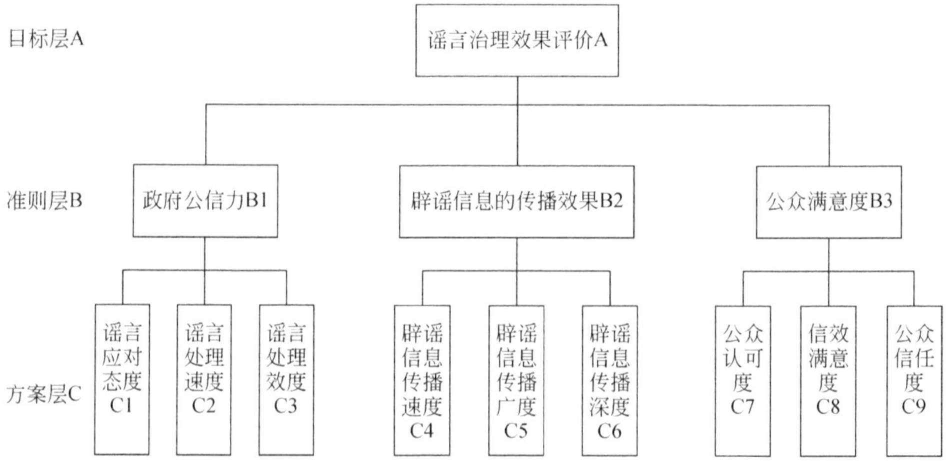

图 7.1　网络谣言治理效果评价的层次结构模型

值。根据建立好的层次结构模型，对同一层次各元素关于上一层中对应准则的重要性程度结合表中所示的比率标度法进行两两比较，构造关于上一层次某准则的判断矩阵。

表 7.5　层次分析法比例标度

标度	含义
1	两个元素相比，有同等重要性
3	两个元素相比，前者比后者稍重要
5	两个元素相比，前者比后者明显重要
7	两个元素相比，前者比后者强烈重要
9	两个元素相比，前者比后者绝对重要
2、4、6、8	上述判断的中间值
倒数	若元素 i 与元素 j 的重要性之比为 b_{ij} 则元素 j 与元素 i 的重要性之比为 $b_{ji}=1/b_{ij}$

根据以上构建的网络谣言治理效果评价的递阶层次结构模型，构建 $A-B_i(i=1,2,3)$ 的判断矩阵。从而可得 $A-B_i(i=1,2,3)$ 的判断矩阵，具体如下表 7.6 所示。

表 7.6 关于目标 A 的准则层判断矩阵

网络谣言治理效果评价 A	政府公信力 B1	辟谣信息的传播效果 B2	公众满意度 B3
政府公信力 B1	1	5	3
辟谣信息的传播效果 B2	1/5	1	1
公众满意度 B3	1/3	1	1

其余各层次可按照同样的方法构造判断矩阵。

(2) 一致性检验

客观事物的复杂性和人们认识上的多样性，可能会产生片面性，因此要求每一个判断矩阵都有完全的一致性显然是不可能的，特别是因素多、规模大的问题更是如此。从理论上讲，当构造判断矩阵具有完全一致性时，$\lambda_{max}=n$（λ_{max}是判断矩阵的最大特征根）。但是，在一般情况下是不可能的。为了考察层次分析法得到的结果是否基本合理，需要对判断矩阵进行一致性检验。它的一致性指标为

$$CI=\frac{\lambda_{max}-n}{n-1}$$

式中，当 CI=0 时，判断矩阵具有完全一致性；反之，CI 愈大，则判断矩阵的一致性就愈差。为了检验判断矩阵是否具有令人满意的一致性，则需要将 CI 与平均随机一致性指标 RI（表 7.7）进行比较。对于 2 阶以上的判断矩阵，其一致性指标 CI 与同阶的平均随机一致性指标 RI 之比，称为判断矩阵的随机一致性比例，记为 CR。一般地，当：$CR=\frac{CI}{RI}<0.1$ 时，就认为判断矩阵具有令人满意的一致性；否则，当 $CR\geq 0.1$ 时，就需要请专家重新打分调整判断矩阵，直到满意。

表 7.7 平均随机一致性指标

阶数	1	2	3	4	5	6	7	8	9	10
RI	0	0	0.58	0.90	1.12	1.24	1.32	1.41	1.45	1.49

7.3.4.3 各指标权重系数的确定

依据上述层次结构模型图和构造的元素间的两两比较判断矩阵，计算判断矩阵的特征值和特征向量进行层次单排序。层次单排序是计算对于上一层某元素有联系的各元素的重要性次序的权值，它是本层元素对于上层元素重要性总排序的基础。层次单排序可以归结为计算判断矩阵的特征根和特征向量问题，即对于判

断矩阵 **B**，计算满足 $\mathbf{B}W=\lambda_{max}W$ 的特征根和特征向量。式中，λ_{max} 为 **B** 的最大特征根，W 为对应于 λ_{max} 的正规化特征向量，W 的分量 W_i 就是对应元素单排序的权重值，按照这种方法，可以求出所有层次的权重。

本书研究过程中邀请了高校、政府机关、企业的专家学者进行了问卷模拟打分。在此基础上，利用 Yaahp 软件，将专家打分数据输入进行运算处理，得到了如表 7.8 所示的结论。

表 7.8　Yaahp 软件运算的权重结果

判断矩阵一致性校验	目标层	准则层 1	准则层 2	准则层 3	权重值
1. A 判断矩阵一致性比例：0.0279；对总目标的权重：1.0000；\lambda_{max}：3.0291	谣言治理效果评价 A	政府公信力 B1	辟谣信息的传播效果 B2	公众满意度 B3	W_i
	政府公信力 B1	1.0000	5.0000	3.0000	0.6586
	辟谣信息的传播效果 B2	0.2000	1.0000	1.0000	0.1562
	公众满意度 B3	0.3333	1.0000	1.0000	0.1852
2. B1 判断矩阵一致性比例：0.0068；对总目标的权重：0.6586；\lambda_{max}：3.0070	政府公信力 B1	谣言应对态度 C1	谣言处理速度 C2	谣言处理效度 C3	W_i
	谣言应对态度 C1	1.0000	7.0000	3.0000	0.6694
	谣言处理速度 C2	0.1429	1.0000	0.3333	0.0879
	谣言处理效度 C3	0.3333	3.0000	1.0000	0.2426
3. B2 判断矩阵一致性比例：0.0279；对总目标的权重：0.1562；\lambda_{max}：3.0291	辟谣信息的传播效果 B2	辟谣信息传播速度 C4	辟谣信息传播广度 C5	辟谣信息传播深度 C6	W_i
	辟谣信息传播速度 C4	1.0000	5.0000	3.0000	0.6586
	辟谣信息传播广度 C5	0.2000	1.0000	1.0000	0.1562
	辟谣信息传播深度 C6	0.3333	1.0000	1.0000	0.1852
4. B3 判断矩阵一致性比例：0.0370；对总目标的权重：0.1852；\lambda_{max}：3.0385	公众满意度 B3	公众认可度 C7	信效满意度 C8	公众信任度 C9	W_i
	公众认可度 C7	1.0000	0.3333	3.0000	0.2583
	信效满意度 C8	3.0000	1.0000	5.0000	0.6370
	公众信任度 C9	0.3333	0.2000	1.0000	0.1047

运算结果表明，数据通过了若干项一致性检验，最终得到的对于网络谣言治理效果评价部分指标的权重。

7.4 本章小结

评价网络谣言治理的效果，可以为政府有效规避和管控网络谣言提供理论参考。本章首先介绍了网络舆情治理效果的相关评价指标、影响因素及评价原则与评价方法。其次，构建本书的政府网络谣言治理效果评价指标体系，力求指标体系的科学、合理、全面和完善，为政府治理网络谣言提供理论依据和实践指引。最后，在介绍各类综合评价方法的基础上，以层次分析法为例，进行指标权重确定的演示。

网络谣言管控是近年来政府重要的工作任务之一，网络谣言的传播速度快、范围广、危害性强，研究网络谣言治理效果不仅可以帮助政府提高工作效率和政府公信力，还可以维持社会稳定。网络谣言治理效果的研究成果目前并不丰富，因此还有很多可以继续拓展研究的方向。未来的研究可以将网络谣言治理相关研究拓展到更多谣言类型的研究，更多网络平台上谣言治理的方案分析。例如，从与微博信息传播模式不同的微信展开研究，或是分析更大数据量，数据维度更广的谣言数据，为政府网络谣言管控提供更多的决策理论参考。

本章参考文献

安士伟 . 2014. 网络谣言的生成原因及其治理［J］. 学习论坛，（2）：65-67.
昂娟，俞欣 . 2016. 网络谣言传播分析及治理对策研究［J］. 山东农业工程学院学报，（9）：86-90.
敖炀 . 2012. 多理论视角下网络谣言的成因与对策浅析［J］. 品牌，（1）：13-15.
白树亮 . 2010. 网络谣言成因及治理对策研究［J］. 新闻界，（4）：82-83.
巢乃鹏，黄娴 . 2004. 网络传播中的“谣言”现象研究［J］. 情报理论与实践，（6）：586-589.
陈娟，刘燕平，邓胜利 . 2018. 政务微博辟谣信息传播效果的影响因素研究［J］. 情报科学，36（1）：91-95，117.
陈然 . 2017. 政务新媒体舆情回应效果及优化策略［J］. 青年记者，（24）：95-96.
陈然 . 2019. 政务社交媒体危机传播效果评价指标体系的构建［J］. 统计与决策，35（18）：31-35.
程萍 . 2013. 网络谣言的传播及控制策略［J］. 编辑之友，（8）：79-80.
郭小安，董天策 . 2013. 谣言、传播媒介与集体行动——对三起恐慌性谣言的案例分析［J］. 现代传播（中国传媒大学学报），35（9）：58-62.
黄少宽，黄晓斌，李波 . 2015. 网络谣言信息治理研究综述［J］. 电子政务，（2）：54-63.

季斐 . 2010. 现代综合评价主要方法的比较概述［J］. 商业文化（学术版），(8)：298.
江河 . 2013-12-02. 对网络谣言的防范与规制［N］. 光明日报，第 16 版 .
姜胜洪 . 2012. 网络谣言的形成、传导与舆情引导机制［J］. 重庆社会科学，(6)：19-20.
李民，谢丽彬 . 2017. 服务型政府视角下政务微信公众平台服务质量评价研究［J］. 内蒙古财经大学学报，(14)：85-89.
李思慧 . 2018. 基于案例分析的网络谣言控制策略研究［D］. 哈尔滨：黑龙江大学硕士学位论文 .
李玉洁 . 2013. 信源、渠道、内容——基于调查的中国公众气候传播策略研究［J］. 国际新闻界，(8)：67-83.
李中梅，张向先，郭顺利，等 . 2021. 新媒体环境下智库信息传播网络结构实证分析研究［J］. 情报科学，39（2）：146-156.
李中梅，张向先，陶兴，等 . 2020. 新媒体环境下智库信息传播效果评价指标体系构建研究［J］. 情报科学，38（2）：59-67.
李宗富，张向先 . 2016. 政务微信公众号服务质量评价指标体系构建及实证研究［J］. 图书情报工作，60（18）：79-88.
刘妃，曹敏，左美云 . 2021. 辟谣平台的评价指标体系构建及实证研究［J］. 情报杂志，40：95-100，94.
刘于思，徐煜 . 2016. 在线社会网络中的谣言与辟谣信息传播效果：探讨网络结构因素与社会心理过程的影响［J］. 新闻与传播研究，23：51-69，127.
刘中刚 . 2021. 辟谣力度的概念、维度及其对辟谣效果的影响［J］. 河南大学学报（社会科学版），61：59-65.
陆泉，岳雪琪，刘婷，等 . 2021. 基于多维特征的网络健康信息可信度评估研究［J］. 信息资源管理学报，11（3）：121-131.
马得勇，孙梦欣 . 2014. 新媒体时代政府公信力的决定因素——透明性、回应性抑或公关技巧［J］. 公共管理学报，(1)：104-113.
马强，林浩瀚 . 2018. 基于区块链技术的网络谣言治理模式探析——以新闻平台 Steemit 为例［J］. 新闻论坛，(4)：29-33.
聂迪 . 2019. 雾霾辟谣信息的劝服效果及其影响因素研究［D］. 武汉：武汉大学硕士学位论文 .
彭张林，张强，杨善林 . 2015. 综合评价理论与方法研究综述［J］. 中国管理科学，23（S1）：245-256.
屈楠伟，夏志杰，王诣铭 . 2021. 基于用户信息行为的社交媒体辟谣效果研究［J］. 情报科学，39（1）：111-119.
任中义 . 2018. 中国政治文化安全与网络谣言治理［J］. 郑州大学学报（哲学社会科学版），(1)：81-83.
宋欢迎，刘聪，张旭阳 . 2021. 重大突发公共卫生事件政府回应效果影响因素研究——基于 2011—2020 年我国 36 起重大突发公共卫生事件的实证分析［J］. 情报理论与实践：1-11.
唐梦斐，王建成 . 2015. 突发事件中政务微博辟谣效果研究——基于“上海外滩踩踏事件”的案例分析［J］. 情报杂志，34：98-103，36.
滕婕，夏志杰，占欣 . 2020. 基于改进 CA 模型的群体辟谣信息扩散效果预测［J］. 计算机工程与应用，56：51-57.
王超 . 2019. 辟谣何以失灵？——一个信息传播效果视角的解释框架［J］. 情报杂志，38：123-129.
王国华，汪娟，方付建 . 2011. 基于案例分析的网络谣言事件政府应对研究［J］. 情报杂志，30（10）：72-76.
王国华，王戈，杨腾飞，等 . 2014. 网络辟谣平台的运行及效果研究［J］. 情报杂志，33：100-105，134.
魏巍 . 2020. 学科建设中六大要素间的互动关系——基于 71 所一流学科高校建设方案的政策文本及社会网络分析［J］. 江苏高教，（8）：28-34.
翁士洪，顾佩丽 . 2015. 公共突发事件中微博谣言的机制与治理——以 H7N9 事件为例［J］. 电子政务，10：10-18.
翁士洪 . 2020. 网络治理能力视角下的政府回应效果研究［J］. 公共管理与政策评论，（3）：49-61.
谢新洲，刘京雷，王强 . 2014. 社会化媒体中品牌传播效果评价研究［J］. 图书情报工作，58（14）：6-11.
许树柏 . 1988. 实用决策方法：层次分析法原理 . 天津：天津大学出版社 .
于晶 . 2013. 微博传播过程中用户影响力的特征实证分析［J］. 情报杂志，32（8）：57-61，38.
余丽，王隽毅 . 2013. 网络空间与现实空间的互动及其对国家功能的影响［J］. 郑州大学学报（哲学社会科学版），46（2）：5-9.
余以胜，刘芷欣 . 2010. 科技期刊的综合评价方法研究——主成分分析法［J］. 重庆大学学报（社会科学版），16（1）：119-123.
原光，曹现强 . 2019a. “涉官”网络舆情中政府回应效果的影响因素分析——基于 139 个案例的实证研究［J］. 情报杂志，38（8）：126-135.
原光，曹现强 . 2019b. 研判、博弈与调适：“涉官”舆情政府回应弹性的影响因素及其作用机理［J］. 电子政务，（9）：44-57.
曾攀 . 2018. 认同、信息质量与转发数对辟谣效果的影响［D］. 成都：四川师范大学硕士学位论文 .
张博，李竹君 . 2017. 微博信息传播效果研究综述［J］. 现代情报，37（1）：165-171.
张先 . 2019. AI“谣言粉碎机”对网络谣言传播及治理的影响探析［J］. 新闻传播，（13）：48-49.
张晓慧，王策明 . 2020. 政务舆情回应效果评价的困境及对策［J］. 城市学刊，41（6）：76-81.
张晓娟，刘亚茹，邓福成 . 2017. 基于用户满意度的政务微信服务质量评价模型及其实证研究［J］. 图书与情报，（2）：41-47+83.
张振亮 . 2018. 网络谣言多维共治法治化的路径［J］. 新闻爱好者，（2）：24-29.

赵阿敏，曹桂全 . 2014. 政务微博影响力评价与比较实证研究——基于因子分析和聚类分析 . 情报杂志，33（3）：107-112.

郑琼，周梅华，曲颂 . 2019. 移动社交信任评估——以新浪微博为例［J］. 情报理论与实践，42（4）：123-128.

智惠 . 2018. 基于社交媒体的用户信息行为研究 . 太原：山西大学硕士学位论文 .

周丽萍 . 2012. 政府应对突发事件的媒体管理研究 . 上海：上海交通大学硕士学位论文 .

Adil Imad Eddine Hosni，Kan Li，Sadique Ahmad. 2020. Minimizing rumor influence in multiplex online social networks based on human individual and social behaviors［J］. Information Sciences，512：1458-1480.

Allen M，Preiss R W. 1997. Comparing the persuasiveness of narrative and statistical evidence using meta-analysis［J］. Communication Research Repor，14（2）：125-131.

Bordia P，DiFonzo N，Travers V. 1998. Denying rumors of organizational change：A higher source is not always better［J］. Communication Research Reports，15（2）：188-197.

Daley D J，Kendall D G. 1964. Epidemic and rumors. Nature，496：1118.

Knapp. 1944. A Psychology of Rumor［M］. Michigan：ProQuest.

Peterson WA，Gist N P. 1951. Rumor and public opinion［J］. The American Journal of Sociology，57（2）：160-163.

Ralph I. Rosnow. 1976. Rumor and Gossip：The social psychology of say［J］. The Journal of American Folklore，364：237.

Rosnow R I. 1976. Rumor and gossip：The social psychology of hearsay［J］. Contemporary Sociology，7（2）：212-214.

Shen W，Duenyas I，Kapuscinski R. 2011. New product diffusion decision under supply constraints［J］. Management Science，57（10）：1802-1810.

Shimp T A，Bearden W O. 1882. Warranty and other ex- trinsic cue effects on consumers' risk perceptions［J］. Journal of Consumer Research，（9）：38-46.

Zhu L H，Guan G，Li Y M. 2019. Nonlinear dynamical analysis and control strategies of a network-based SIS epidemic model with time delay［J］. Applied Mathematical Model Ling，70：512-531.

8 政府网络谣言的管控策略

网络谣言的滋生、蔓延不仅扰乱网络环境，也因其传播速度快，波及面广，极大地损害了社会公众的利益，对升级社会冲突，引发群体性事件起到了推波助澜的作用。如何有效地规避网络谣言的产生，遏制网络谣言的传播，平息网络谣言造成的社会影响等问题，引起了包括政府部门在内的社会各界的高度关注。对网络谣言所采取的“封锁隐瞒”和“特别解决”等方式并不能有效地解决网络谣言带来的负面影响，反而会引起社会公众的不满情绪，导致事态的进一步升级（薛小龙等，2014）。政府是管控网络谣言的主体，必须充分发挥政府在网络谣言控制中的主体作用。与其他网络谣言控制主体相比，只有政府才具有足够的人力、物力、财力，具有足够的实力去控制网络谣言，阻止网络谣言的进一步传播。本章的重点是探索政府网络谣言的管控策略，在明确谣言信息和辟谣信息的在线扩散特征，以及谣言信息和辟谣信息在线扩散的交互作用机制的基础上，前文分析了网络谣言管控中的关键因素，构建了网络谣言管控效果的评价指标体系，有利于健全完善政府网络谣言管控机制，为政府网络谣言管控策略的提出提供决策参考。

8.1 网络谣言管控策略的研究焦点

政府网络谣言的管控策略的研究焦点主要集中于谣言管控的不同主体和不同生命周期阶段的谣言管控。谣言管控的主体主要有政府和媒体机构，其中政府是谣言管控最重要的主体。从不同生命周期阶段的谣言管控的角度来看，网络舆情事件演化分为潜伏期、成长期、成熟期和衰退期，不同时期的谣言管控策略也各有侧重。

8.1.1 谣言管控主体

8.1.1.1 政府

从政府主体来看，一般研究主要从政府本身、技术、民众、谣言产生的影响因素等多角度探讨政府网络谣言的管控策略。政府作为网络谣言管控的主体，首先要有一定的威信度，才能有效进行谣言管控（谢志强，2011）。其次，在网络谣言传播过程中，政府应做到信息公开快速、透明，危机公关及时、准确。政府信息公开的透明度和信息披露的及时权威，降低了舆情事件的模糊性，从源头上可以有效避免网络谣言的生成和发展，降低谣言的流通量（何智莅，2018）。在谣言管控技术方面，政府可以和社交软件合作，实时监测和处理完全虚构、杜撰详情、图文难对应、“添油加醋”及逾时内容的网络谣言（王丽丽，2013）。同时，政府应该建立新媒体信息监测小组，用以监测谣言的敏感性及未来发展趋势（霍飞等，2014）。在网络进行舆情指导的过程中，我们应该加强政府信息发布平台的监督，及时清理错误信息，充分利用证据和强大的逻辑进行舆情引导，利用相关技术手段中止谣言发布者的账号（陈娟等，2017）。管控公众网民在舆情事件中，不仅是舆情信息的传播者，也是政府谣言管控的重要影响对象，民众没有安全感，才会不断质疑，产生谣言。要加强网民心理干预，增强公众对政府的信任度，才能合理辟谣（陈万怀，2008）。既要从公众关心的问题出发进行引导，对症下药，又要注重辟谣效率，注重辟谣信息简单化，讲明真相。在舆情管控中，做好“意见领袖”的政治导向作用，加强与网络媒体合作，提高信息的公开程度。从网络谣言产生的影响因素来看，导致网络谣言产生的因素有信任、关注和需求。政府要从各因素的作用和相互作用两方面进行网络谣言管控（史路遥等，2019）。

8.1.1.2 媒体机构

作为社会信息系统核心组成部分，新闻媒体机构在国家发展与社会运行中发挥着重要作用。媒体机构是网络谣言管控中处于重要地位的又一主体，网络谣言管控过程中要充分发挥其引导作用，自觉扮演好守望者、引导者、传承者的社会角色。媒体作为信息采集、制作、传播的专业机构，信息是其立足根本，也是其进行网络谣言管控的根本工具。信息供给即媒体通过提供及时、准确、有效的信息消除公众的忧虑、怀疑、猜忌、恐惧等不确定性，进而达到祛除网络谣言的目的。在进行辟谣时，“意见领袖”是舆情信息的中间传播者，要培养“意见领袖”以引导无序的微博环境，建立网络谣言反应体系，监控网络环境，从而进行网络谣言管控，保障社会网络安全（王睿等，2016）。社交网络平台对舆情信息的传播有着重要作用，微博点赞水平、转载量、正文品质对于网络谣言管控均有影响（曾攀，2018）。媒体对网络谣言管控至关重要，因为媒体负责日常消息宣告，可以第一时间获得消息，并传递给民众，有一定权威性。因此，媒体通告消息一定进行了一系列核实，必须对即将发布的消息进行严格掌控，保证消息的真实和完整（马超，2019）。

8.1.2 处于不同生命周期阶段的谣言管控

生命周期理论把公共危机事件全过程分为潜伏期、爆发期、延续期、痊愈期四阶段。按照生命周期理论，网络舆情和其他事物一样，都是有生命周期的，这可以从以下两个方面来理解：第一，网络事件的产生和发展，就像生命一样，从网络事件的产生—开设—发展—衰退，是一个完整的生命周期的过程；第二，网络舆情的生命周期表现为 4 个阶段：潜伏期、成长期、成熟期和衰退期。在网络舆情的不同阶段，政府的管控策略也应有所不同。其中潜伏期的工作重点在于识别、监控和研判，成长期的工作主要突出信息的控制、对称化及舆情主体的引导工作，成熟期应更加重视舆情应急和控制工作，衰退期则着重于对整个舆情过程的评价、反馈及持续追踪监控（晏敬东等，2017）。政府需要对官方发布的信息进行反情报评估，对舆情信息进行深度挖掘，对恶意造谣，危害社会稳定的信息要及时处理。在谣言产生初期，在辟谣的同时，及时删除信息，尤其是屏蔽图片和视频，可以降低网络谣言的杀伤力。在某些大型群体事件发生时，适时关闭社交工具（微博、微信等）可以防止骚乱和恐慌（兰月新等，2016）。在突如其来的网络谣言事件中，谣言传播刚开始时，政府可以控制谣言的出处，此时可以用较少成本引导舆情。当网络谣言发展到最高点，政府应该用高成本引导舆情。当谣言逐渐消散时，可以再转换为低成本引导（杨志和祁凯，2018）。在舆情爆发期间，政府可以通过向媒体宣传收集意见，减少舆情爆发的规模。在网络谣言消逝期间，政府可以利用大数据分析，筛选出持强硬意见的“领军人物”，向用户群体提供额外的消息，用以缓解长期衰退的问题（郭耿等，2020）。

8.2 政府谣言管控的目的和原则

8.2.1 政府谣言管控的目的

8.2.1.1 政府履行公共职能的必然要求

互联网作为当今具有巨大潜力的新闻媒体，网络平台已经成为各种意识形态争夺的重要阵地。从政府职能来看，政府部门管控网络谣言是其履行经济文化建设职能、社会管理职能的重要体现和基本要求之一（王锁明，2014）。履行文化建设的职能要求政府组织好先进文化的建设和发展，也要求它带头反对和抵制一切腐朽落后之文化，网络谣言是网络文化中的毒瘤，政府必须对其进行遏制和清理。随着新媒体的崛起，互联网媒体属性越来越强，网络谣言也呈激增之势。如何加强网络传播的监管和引导，巩固发展健康向上的主流舆论，已经成为现实突出问题。政府部门面对网络谣言，必须充分认识网络谣言管控的必要性、紧迫性和艰巨性。作为政府另一重要的职能，现代政府日趋增强的社会管理职能，客观上也要求政府创新社会管控，重视开展网上舆论工作，着力维护好文明健康的网络舆论环境。所以说，能不能建设好、运用好和管理好互联网舆论，构成了新媒体形势下对政府执政能力和管控水平的重大考验。

8.2.1.2 现实需要的正面回应

谣言真伪的不确定性将会带来社会恐慌，而合目的性的政府辟谣则可有效矫正社会的无序状态（夏露和周楚娇，2015）。首先，合目的性的政府辟谣能够缓解公众的消极心理，为公众提供可预期的行动方向，这一点在公共危机及突发事件情形下的表现更为明显。例如，在新型冠状病毒肺炎疫情应对过程中，政府部门全面监测并实时通报与疫情、受感染人数相关的真实数据，并指导公众进行居家隔离和科学防疫的方法，那么相关网络谣言继续传播的空间得到最大限度的消除。其次，合目的性的政府谣言管控能够推动有效沟通，帮助公众分辨事件真伪。政府谣言管控不应当是对自由言论的限制，相反，它应当为公众提供一个对事件发表意见并进行讨论的平台。以往对于谣言和辟谣的研究成果表明，人们即便是在不相信谣言的情况下，也会受到来自谣言的不同程度的影响，而且若政府辟谣方式不当，反而会让民众倾向于信任谣言。所以，遵循合目的性的政府谣言管控必须允许公众质疑，只有这样，才能巩固彼此间信任的基础，使政府谣言管控的作用在一个更加开放的社会环境下得到更好发挥。

8.2.2 政府谣言管控的原则

网络空间是社会生活的一部分，构建网络谣言管控策略体系，提升对网络空间的管控能力，是国家步入现代化的重要环节。确定自媒体时代网络谣言的管控原则，是转换网络谣言管控模式、改进网络谣言管控效果的关键。

8.2.2.1 一元主导与多方参与相结合原则

以政府为主体的传统治理模式，要求完善制度体系、提高政府相关部门和工作人员的工作能力。而随着自媒体时代的到来，海量的信息、多元价值观交汇、网络用户素质参差不齐，加之网络谣言等失范行为的发生，无疑增加了网络谣言管控的难度，单一的政府谣言管控模式不仅干扰网络企业的市场自主化，而且无法确保公民的主体性地位。自媒体的市场化已不可逆，自媒体平台是网民之间进行信息交流和集散的中介，承载着多方的信息和价值观。自媒体技术的使用一旦超出法律和道德伦理的框架，便会生出许多事端，某些缺乏职业道德的用户正是利用了自媒体固有的特点，捏造网络谣言，恶意中伤他人。政府与自媒体从业人员的合作，可以通过外在约束和内在约束两方面有效管控网络环境。其中，外在约束是基于制度层面与技术层面的；内在约束是基于教育层面和行业内部层面的。数量庞大的网民是网络谣言事件的参与主体，缺乏理性的网民受到谣言情绪的渲染而迎合网络舆论，助推网络谣言的暴发。因此，在鼓励网民加强自我约束的同时，要充分发挥网民的基础性作用，通过培育理性公民，营造和谐的网络环境。由此可见，必须坚持一元主导与多方参与相结合的原则，在政府主导下建立网络媒体、网民等多方参与的网络谣言治理模式。

8.2.2.2　预防与惩治相结合原则

预防，就是在网络谣言行为发生之前，根据网络舆情事件现象之间的因果关系，预先采取措施，避免原因演化或进展，导致严重后果的产生。预防的目的在于减少网络谣言行为的偶发性，防患于未然。网络谣言预防的难度更低，成本更小，收效更大。随着网络技术的深入发展，网络普及率的不断提升，但网民整体素质参差不齐。在舆情事件演化的过程之中，仅靠前期预防是无法完全规避突发舆情事件的。因此，对于已经发生的网络谣言行为决不能姑息，必须依法惩治违法违规之人，提高惩治力度。预防是大范围的教育，受众更广，实施的可能性也更大。而惩治，是网络谣言传播发生之后的亡羊补牢，一来可以打击违法犯罪行为，二来可起到威慑作用，警示后人。换个角度说，预防是首要的，而惩治则属于善后。两者并施才是正确的，只有预防或者只有惩治难免会有所纰漏。要管控网络谣言行为，惩治和预防就像左手和右手一样重要，光预防不惩治，不能起到威慑的作用，光惩治不预防，也难以从源头遏制网络谣言。

8.2.2.3　适量与适度相结合原则

管控网络谣言行为，需要采取外在的强制力和内在的约束力，如法律规制和道德教育相结合，惩治与预防相结合，教育和自我教育相结合，两者双管齐下。若是法律过于严苛，必然使得公众怨声载道，认为法律不近人情，且管制过死，也会抹杀互联网人际沟通、纾解民意的功效。因此，管控网络谣言行为，必须把握量和度的范围，坚持适量与适度相结合的原则。该原则要求取舍有度，酌情酌量，把握度的标准，做事不可太过极端冒进，也不能放任自流，可参考中庸之道，不偏不倚。凡事讲求一个度的问题，过度宽容则成了放任，一味地委曲求全只会失去底线。网络谣言事件的恶劣之处就在于无视法度，践踏社会公德，坚持适度原则也需保有底线，依法管控才能保障强有力的执行力。坚持适量与适度结合的原则，就是要把握量的范围，保留好的，剔除糟粕之处，采取合适恰当的方式方法。

8.2.2.4 最优结果与最小代价相结合

互联网信息的匿名性、复杂性、多样性和便捷性使得网络舆论热点事件的相关信息层出不穷。通常来说，关于社会热点事件因公众看待事物的眼光不同，观点多样且带有争议性；而拥有不同价值观和信仰的网络用户群体之间针锋相对，思想激烈碰撞致使网络舆论风向不定。个人往往倾向于寻找共同体以期获取安全感，在面对争议性事件时往往网民主动或被动卷入舆论风暴而不自知，因此，网络谣言事件中的从众行为和跟风心态尤为明显。网络谣言行为的参与者包括自媒体平台、网络从业人员、普通网民及“网络水军”等，牵涉多方利益，既是各方之间的博弈，也充分体现了社会的矛盾面。在处理网络谣言相关事件时，必然会触及各方利益，而是非善恶的评价标准难以确定，就不得不顾虑降低事件对各方的影响，以求达到结果最优、损失最低的局面。其次，对网络谣言事件的处理态度、方式方法和最终结果也体现了国家的综合治理能力，如若处理结果违背了广大人民的意愿、削弱了法律的权威，则会激化社会矛盾。该原则意在平衡社会冲突、调和内在矛盾，以最小代价换取整体的最优结果。

8.2.2.5 公平正义与公众利益优先相结合原则

公平正义与公众利益优先相结合的原则既要坚持社会公正，促进整体社会和社会中个人的发展，又要提倡将公众的利益置于首位，并尊重和维护个人的正当利益。而这一过程的实现必须通过自律和他律的统一。正如马尔库塞所倡导的，政治行为能引导和约束公众的行为，技术本身是中立的，但引入人为这一因素后必然带有阶级性和价值偏向，只有通过政治的强制手段才能使其满足大多数人的需要，体现公平正义和公众利益优先原则。社会主义国家是一个利益整体，为全体人民服务，这就需要一个公认的道德和法律框架来指导和约束互联网技术的设计、生产、使用和公众的个人行为。在管控网络谣言相关事件时就必须考虑到既要维护个人合法权益，又不致损害大多数人的利益。在对网络谣言行为的成因和危害分析中，发现自媒体时代的非理性言论表达违背了社会公认的伦理道德原则，是对社会公平正义的摒弃，并最终危害到广大民众的利益。因此，必须制定自媒体开发和应用中所应该遵守的道德规范和法律法规，实现社会的公平正义。

8.3 基于不同交互模式的辟谣信息管控策略分析

第5章关于谣言与辟谣信息在线扩散的交互作用机制的研究，给出了谣言信息与辟谣信息交互作用的不同模式。基于不同的交互模式，政府对于辟谣信息的管控策略也有所不同。

8.3.1 辟谣信息全覆盖谣言模式的管控

辟谣信息全覆盖谣言模式是指辟谣信息与谣言信息一致，并且辟谣信息完全覆盖了谣言信息传播的范围。这种情况是政府对谣言信息有全面而正确的认识，并能通过恰当的途径来精准地覆盖谣言信息传播的渠道。这是一种最优的状况，也是政府相关部门和公众所期望的，只有在这种情况下，谣言才能完全被辟除，政府才能赢得公众的信任。在这种情况下，政府的管控策略应该以监控和预防为主。由于辟谣信息已经完全覆盖谣言，达到了良好的辟谣效果，这时辟谣已不是最主要的目的，而应该更注重对事态发展的后续监控，以防出现突发状况导致谣言的二次发酵。政府是一个国家的领导核心，在面对随时可能出现的各种网络谣言时，必须建立完善网络环境的应急预警和监督机制，从全局出发，运筹帷幄，做好事前预警、事中管控和事后监督工作。首先，建立公共危机事件的网络谣言收集机制。政府相关部门应成立网络谣言收集领导小组，并配备专业的数据分析人员，对网络谣言从产生、传播到自灭过程中所出现的网络信息进行广泛的实时收集。通过制定规范性的标准，严格地对谣言进行分析研判，以便针对不同的网络谣言采取有针对性和可操作性的预防措施。其次，要完善网络谣言的监督机制。一是增强技术监控能力，从技术层面上设计网络信息真假的识别监控系统，对识别出的网络谣言及时进行拦截，以控制其继续扩大传播范围。二是积极调动"意见领袖"的把关作用，培育其发现虚假网络信息的敏锐性和洞察力，严格把控公共危机事件的网络谣言进入大众视线，在危机范围扩大和危害性增强的紧要关口，对错误的网络信息及时进行剔除。三是实行网络实名制。政府可以加快网络个人诚信体系的建立，将每个网民参与网络活动行为纳入诚信系统的考核中，对在网上进行不实信息传播的网络用户及时地进行限制或者将其列入黑名单，并将网上和网下的信用体系联系起来，对于制造和传播网络谣言造成严重危害他人、社会的传播者进行严格的限制。

8.3.2 辟谣信息与谣言信息范围不等模式的管控

辟谣信息与谣言信息范围不等模式分为两种。第一种是辟谣信息范围大于谣言信息范围，在这种模式下，政府的辟谣信息扩散范围覆盖到了甚至超过了谣言信息本身的传播范围，这种情况虽然也能比较好地满足辟谣需求，但是增加了政府工作人员的工作量，也增加了公众从政府提供的辟谣信息中鉴别、筛选针对性较强的信息的时间，辟谣效率较低并且不够精准，可能会导致公众在某一个时间段内于各个不同的平台多次重复看到同样的辟谣信息，给公众带来不便。多余且重复的辟谣信息不仅会影响辟谣的精准度，而且对公众来说反而会降低其对政府的信任度，从而适得其反。大数据时代主要特征是信息数据的海量性。大数据不仅是一种资源，一种技术，还是一种新思维。在大数据网络背景之下，政府要加强网络谣言数据收集，借助计算机并根据相关技术来实现自动获取网络数据信息，尤其是谣言类数据信息，提高数据获取的速度和广度，最终能够快速识别网络谣言。根据以往引发网络谣言出现的热点信息，通过数据分析并结合具体案例探索网络谣言发生的源头及背后的原因。在数据收集及常态化监测的基础上，构建网络谣言综合检测处理平台，发挥大数据采集与分析技术，及时发现网络谣言信息，并且利用信息技术对网络信息进行数据挖掘和数据处理进行分析，综合各类网络信息，对公众所普遍关注的热点及敏感问题及时处理，同时通过“抓取关键词”或“谣言机器人”等分析整合出谣言类信息，发现后及时制定出辟谣方案，澄清事实。针对不同平台不同人群，给出精准辟谣方案，防止辟谣信息的重复泛滥。

第二种辟谣信息与谣言信息范围不等模式是辟谣信息范围小于谣言信息范围。这个不等模式下政府辟谣信息的传播范围较小、传播途径较少，不能完全覆盖到谣言信息的传播范围。这种情况会影响辟谣信息被公众看到的频率，导致公众在一段时间内不能通过某种渠道看到政府的辟谣信息，从而选择相信谣言信息，政府的辟谣效果得不到完全满足。随着社会不断发展，政府单一舆情管控能力的局限性不断暴露出来。各行各业日益完善化和精细化，政府的管辖范围、管理对象和事务也随之增多，但是想单靠政府一己之力要负责所有方面的事务并不现实，而且缺乏专业性。此外，政府的层级和办事流程也决定了它的效率很低，与突发公共事件网络谣言整治的及时、高效要求相去甚远，单靠政府来做好这些工作并不现实。因此，想要切实改善政府谣言管控的局限性、妥善解决网络谣言治理需要其他力量的协同参与。根据“多中心治理理论”，网络谣言管控应由政府单一控制转变为多中心互动和协调管控，即政府、企业、媒体、社会组织及公民个体等各方面的互相协调与通力合作。特别是政府应充分尊重媒体的地位和作用，在突发公共事件和危机事件发生时，与媒体建立并保持良好的沟通与合作。媒体同样应主动加强自我管理和约束，在公开信息、发布报道时保持严谨和准确，负起发布和引导舆论的责任。

8.3.3 辟谣信息与谣言信息交叉模式的管控

辟谣信息与谣言信息范围交叉指在政府所发布的辟谣信息只有其中一部分覆盖到了谣言信息的传播范围，而剩下的一部分散落在别的渠道里，和实际的谣言信息没有交集。这种情况不仅浪费政府工作人员的精力，而且会影响公众对于辟谣信息的判断。导致辟谣信息与谣言信息范围交叉的原因主要有：政府工作人员对谣言信息认识不全、辟谣信息的用词不准确等。政府部门防范意识薄弱是政府防治网络谣言面临的首要问题。当前政府对网络谣言防范意识不强，对网络谣言的相关认知度不深，对于网络谣言也没有一个合理的预防意识，通常不能够把网络谣言扼杀在摇篮里。这也正是网络谣言的预警能力是不够完善的原因所在。在网络谣言管控的认识方面，政府需要有一个全面和科学的认知。一是转变传统的认知方式，以此来掌控网络谣言的散播。二是要彻底地弄清楚网络谣言与网络管理之间的必然联系。当前我国网络谣言肆意散播现象时有出现，其传播的方式和途径有着鲜明的地域和时间环境；但政府管控网络谣言的方式太过单一，长期处于治标不治本的状态。所以长远来看，不仅要对网络谣言展开管控，同时还要针对现实生活中的各种问题进行相应的处理，早发现早治理，以此来遏制网络谣言的散播源头。

大数据时代网络舆情的多向度的研究给政府网络舆情管理提出更高的人才素质要求。为了有效应对大数据时代政府网络舆情管理的各类挑战，必须配备知识结构复合、专业技能娴熟的大数据人才团队。从短期来看，可以通过高薪聘请、联合委培等方式引进大数据专业人才，壮大政府已有的人才队伍；通过公共服务购买的方式，从高校智库、咨询企业和科研机构遴选出大数据舆情管理高素质人才，并建立网络舆情专家数据库，一旦本区域内出现网络舆情火苗，立即组织专家团队及时控制网络舆情发展态势。基于长远考虑，政府部门要仔细梳理网络舆情管理所需的专业人才目录，培养和壮大既精通数据挖掘、数学建模，又拥有较高学习能力、分析能力和知识水平，横跨统计学、社会学、计算机学、传播学、管理学等学科的复合型人才，打造一支大数据网络舆情管理的专业人才队伍，为政府网络舆情管理提供坚实的人才保障。同时，大数据带来的时代变革，要求政府网络舆情管理必须充分依托大数据支撑平台，加快关键技术攻关创新。

8.3.4 辟谣信息覆盖不到谣言信息模式的管控

辟谣信息范围覆盖不到谣言信息范围指的是政府发布的辟谣信息完全覆盖不到谣言信息的传播范围，或是与谣言信息内容相差甚远、毫无关系。这种情况会导致政府部门劳而无功，公众对于此次辟谣信息一无所获，政府最后容易失去公信力。出现这种情况的原因首先在于政府在前期回应谣言时没有进行准确全面地调查，就匆匆发布辟谣信息，结果反而导致新的谣言出现，又不能还原事情的真相。要做到及时全面的信息发布，首先政府要建立信息公开机制，同时利用传统媒体和新媒体全面、及时、客观地向大众发布权威信息；其次还要建立起常态的舆论信息收集、预警、分析机制，运用有效手段对网络进行实时监管，这样才能及时了解公众对舆情事件的质疑之处和想知晓的信息，并做出回应；最后相关部门还要主动出击，消除网络谣言生存的空间，不能对网络谣言放任不管。因为若是网络谣言过多，就无法保持沟通渠道和传播渠道的畅通，那么即便政府及时地向公众发布了准确而详尽的信息，也有可能会被谣言信息所淹没，从而使辟谣信息无法被公众所知晓。

若是前期的信息公开无法遏制谣言的继续发酵，谣言就会愈演愈烈，此时仅凭政府的力量已经无法阻止谣言的蔓延，这个时候政府就要建立起综合的管控模式，并与其他网络谣言治理主体进行多方位的合作。首先，政府要与媒体、互联网企业建立起合作关系。突发公共事件爆发后，信息市场上会冒出大量的新闻素材，大众传媒的新闻报道不会也不可能报道所有的新闻素材，而是会对其进行筛选。在这个筛选的过程中，媒体扮演着“把关人”的角色。政府需对媒体在进行危机事件相关信息的报道进行监督与引导，使其做到先核实再报道，保证传递信息的真实性，安抚公众在面对危机时的非理性情绪。因此，突发公共事件发生后政府部门必须与媒体、互联网企业等机构进行合作，多管齐下从各个方面进行监管、控制网络谣言的产生和传播，使媒体发挥“把关人”的作用，推动落实媒体、互联网企业等机构的管理责任。例如，新浪监控微博平台上出现的信息，对可疑信息进行核实并成立微博辟谣小组。其次，还可以在微博、微信、贴吧等各大论坛上成立专门的辟谣小组，统一管理，在网络谣言出现后及时向公众发布推送消息进行辟谣。各级政府部门也可以开设或利用自己的官方微博账号、微信公众号，及时发布正确信息；还可以成立专门的辟谣工作组。在突发公共事件发生后的特殊时期，政府除了要和报纸、电视等传统媒体紧密合作外，还要充分与诸如微博、微信等新媒体合作。

8.4 面向影响谣言信息与辟谣信息交互作用因素的政府谣言管控策略

谣言信息与辟谣信息的交互是谣言本身、谣言主体、媒体、辟谣主体和网络生态环境等因素共同影响、共同作用的结果，而谣言信息与辟谣信息传播网络的交互程度与谣言网络扩散程度有密切关系，随着交互程度的提升，谣言热度会下降，从而抑制谣言网络的扩散。政府可以通过对影响谣言热度的关键因素的把控，并对其进行有效管理，做好谣言预警，减少谣言对公众财产和心理的冲击。

8.4.1 谣言本身：建立基于大数据和人工智能的谣言分析平台

结合当前的互联网发展来看，网络谣言敏感程度分析最大的困难是出现了大量的非结构化谣言信息载体，这些数据不仅数量多，而且来源渠道分散、实时性强、相似的噪声数据多，这些特点导致数据的采集和储存难度加大。数据直接从互联网上进行采集较为容易，但是由于这些数据具有非结构化的特点，因此在数据存储时除了运用传统的关系型数据库，还需要采用可以有效表征非结构化数据的如 NoSQL 数据库系统，来成功构建新型的舆情监控与分析预警系统。与此同时，机器学习、深度学习等数据处理算法，自然语言处理，以及基于神经网络的谣言信息识别等技术逐渐完善，提高了数据利用率，为谣言信息的分析和处理提供了技术支持，主要体现在句法语义分析、信息抽取、文本挖掘、信息检索、网络舆情的传播机理分析等。通过大数据和人工智能相结合，建立一个完善的网络谣言分析平台，方能极大地提高网络谣言监控与分析预警的实时性和准确性。

8.4.2 谣言主体：把好“宣传关”，让真相跑赢谣言

谣言主体是政府部门应该加强关注的一个群体，政府部门应加强随意传播谣言危害的宣传，无论是通过政务微博还是新媒体平台，抑或是通过传统的新闻发布会，都要引导公众不做谣言的传播者，让公众知道在面对海量信息时，坚决不能全盘接收，而要过滤筛选，不确定的不传、不权威的不传、不科学的不传，掐断谣言传输带，不做谣言传声筒。面对谣言的传播者，要旗帜鲜明地抵制；面对谣言的编造者，要毫不犹豫地举报。只要政府做好宣传工作，让每个公民都守好自己这道防线，谣言就能止于智者，抵抗谣言的大局就能凝聚更多正面力量。

8.4.3 政府：提高政府对于网络谣言的关注度

政府关注度与网络谣言热度呈负相关。也就是说，政府部门通过增强对网络谣言的关注度，可以实现让辟谣信息主动自发地与谣言信息产生交互，从而覆盖谣言信息，让谣言无处遁形。由此可见，各级政府部门应增强网络舆情监测技术的普及率，引进网络舆情监测高端人才，在原有的基础上增强政府对网络谣言的预警能力，监控部门发现有网络谣言扩散趋势后应及时响应，向上级部门汇报的同时通知宣传部门协调各部门之间关系，引导各部门积极参与到网络谣言引导的工作中去，与其他相关部门相互合作、资源共享，共同处理网络谣言事件。同时，监控部门在事件处理过程中还应及时与上级部门沟通、报告，以获取更多的支持共同对谣言事件进行有效的处理。

8.4.4 媒体：增强网络媒体的自律性

媒体关注度与网络谣言热度呈正相关。网络媒体的立场至关重要，媒体对网络谣言过度宣传，会增加网络谣言的扩散范围，从而让政府难以掌握网络谣言信息的走势，从而影响辟谣信息对谣言信息进行覆盖和交互。所以，政府部门应加强与网络媒体的联动，并加强对网络媒体的监管，呼吁相关行业的网络媒体根据国家的有关法律法规，成立行业协会，以此来提高网络媒体的自律性，坚决抵制一切违反国家法律法规的言论在网络媒体上传播，更不能容许谣言通过网络媒体无休止地在公众中扩散，给公众带来有形或无形的伤害。在网络谣言出现后，行业协会需加强对相关网络媒体的监督管理，避免部分媒体为了影响力和曝光率报道不实新闻。

8.4.5 网络生态环境：共建共享良好网络环境

内嵌于以链接为本质的互联网空间，网络平台具有天然的交往属性与分享精神。这一特质与网络谣言信息流通属性高度吻合。因参与门槛低，众多文化知识、科学素养、媒介技能不足，辨别能力与质疑精神缺乏的网民，在网络平台中掌握空前传播权力，网络平台因此成为网络谣言滋生、传播、扩散的核心场域。各类网络平台要真正“守土有责”，利用技术、经济、契约等多种手段净化网络公共环境。网络平台自律机制需要企业家责任，更需要将监督与管理贯彻到平台运营的每个环节。所以，应将网络平台自律机制纳入法律的设定上，强制互联网运营服务商完善平台建设，强制企业主动履行职责，维系正常的网络环境。从用户的角度来看，法律素养的缺失，辨识度不高，文明程度不够是网络谣言爆发的根本原因，这就需要执法机关和网络平台在监管过程中加大普法宣传教育力度，将文明诚信作为平台建设的重要内容，潜移默化地向用户灌输社会主义核心价值观，从而达到提升网民综合素养的效果，使其文明上网、合法上网、理性上网。

8.5 政府网络谣言的综合管控体系

党的十八届三中全会通过的《中共中央关于全面深化改革若干重大问题的决定》中提出“坚持系统治理，加强党委领导，发挥政府主导作用，鼓励和支持社会各方面参与，实现政府治理和社会自我调节、居民自治良性互动”。在网络谣言治理领域也应坚持多元协同、系统治理，通过协同政府机关、行业组织、网络用户多元主体开展网络谣言联防联控，明确多元主体的法定权利与法律责任，确保网络谣言得到有效规制。在大数据时代，片面依托政府主体开展网络谣言信息管控不仅不经济，而且不现实。在网络谣言管控领域需要全面贯彻群众路线，凸显私力救济的重要现实意义，既要充分发挥行业组织流量监测、数据监管的技术优势，也要充分利用网民参与广泛、知识多元的体量优势。政府机关新闻宣传职能部门之间需要有效配合、强化监管，最大限度压缩网络谣言的传播范围；充分发动网民参与网络信息甄别工作，培育协同管理的群众基础和社会力量，建立起多中心、多主体的网络谣言的综合管控体系。

8.5.1 明确政府主导的网络谣言协同管控架构

多中心谣言管控相对于政府主导的单中心管控模式更加完善，其拥有的力量更为强大，其管控面更为广泛，但是多个管控心之间的关系是整个管控网络是否能成功运行的关键。政府在多中心管控的模式中，充当的角色十分重要，既不能成为“一手遮天”的主导者，也不能完全被动地采取行动，政府要承担更多的责任与义务，要成为各个管控主体间的中心协调者。政府对于网民的参与可通过相关部门直接管理来发挥自身的协调功能，充分利用公众的智慧和知情权，让其在网络谣言的管控中发挥作用，同时可通过宏观管控、市场经济手段来协调各组织之间、组织与公众之间、组织与政府之间的利益关系，让组织在充分发挥自身力量管控网络谣言的过程中能够获得更大的利益。同时，政府还需要根据外部环境的变化做出具体的政策调整，保证各个管控中心的和谐与整个管控系统的稳定。各部门在参与网络谣言的管控时，常出现信息不对称，工作范围交叉重叠等问题，不仅耗时，且效率低下。因此，政府作为中心协调者，在各部口开展管控工作时，及时通过宏观操纵，为各部门提供相应的资源，传达各部门之间需要沟通的信息，同时分配好各部门所负责的工作范围，保持各部门工作的一致性和合作性。同时接受各部门在工作中的反馈，及时调整宏观的计划工作，而非一味地下达管理命令，等待工作结果。另外，互联网的自我净化管理也需要政府来进行协调和规范。政府可指定相应的公共政策机构来规范互联网和自媒体平台上的某些行为，如禁止某种极其容易成为网络谣言的传播载体的媒体活动等，并将此类规范互联网行为的政策通过互联网协会来发布，且要求互联网协会对政策发布之后网络上的行为进行监督，落实政策的实施。

8.5.2 完善网络谣言管控规则体系

完善网络谣言管控规则体系关键在于实现网络谣言的法律管控，其基础在于相应法律法规的制定、健全和完善。当前，我国已经初步形成了涵盖法律、司法解释、行政法规、部门规章和地方性法规等多梯次的网络谣言管控法制体系。但在网络谣言管控的组织架构、界定标准、程序要求和责任体系等某些具体问题上仍然存在立法漏洞和制度瑕疵。这些需要在今后的立法工作中进一步地补充和完善，为网络谣言的法律管控提供制度保障。

（1）建立健全网络谣言管控的组织管理体系立法

我国现有网络信息监管主体多元且职能交叉重复，应通过立法形式系统梳理、整合现有各类网络信息规制主体，明确宣传部门、公安部门和新闻出版管理部门等主体的执法职责、执法范围和执法权限，避免因权责交叉而出现管控盲区。适时构建“权责统一、层级分明、分工协作”的专司网络信息规制的行政组织体系架构，使网络信息监管、处置都有法可依，具备操作性、明确性和规范性。

（2）优化完善网络谣言管控的程序规定和界定标准

当前，我国网络信息管控的法律法规原则性规定、概念性规定较多，立法针对性和可操作性不强，造成司法适用过程中的诸多问题。例如，关于网络诽谤行为的电子取证程序、举证责任分配和刑事司法管辖等具体问题应当通过立法形式予以明确，增强法律制度的针对性和可行性。此外，应该明确网络谣言法律管控的审查标准，根据行为人主体身份、行为人主观恶意程度、侵害对象的主体身份、侵权行为的针对性程度、社会危害的现实性程度，确定一种宽严相济的网络谣言管控模式。

（3）衔接契合网络谣言行为的民事、行政、刑事责任

针对特定的网络谣言信息，当事人可以选择民事侵权途径予以救济，追究造谣者的民事责任；公安机关可以根据《中华人民共和国治安管理处罚法》，对散布谣言，谎报险情、疫情、警情等扰乱公共秩序的行为予以行政拘留和罚款；对于利用网络实施诽谤行为、故意传播虚假信息及恐怖信息等的，应当追究其刑事责任。在具体的立法领域，尤其应当加大对诽谤罪自诉案件的协助，尽快通过刑法修正案等形式改变自诉案件立案难的现实困境，而不是通过简单的“能动司法”和“自诉转公诉”越权解决问题。在司法实践领域，应当坚持宽严相济、不枉不纵、刑罚适中的法治精神，在依法管控网络谣言的同时，也要充分保障公民的自由言论空间。此外，应当兼顾法律价值与实践操作性的有机统一，实现网络谣言法律管控的民事、行政和刑事责任体系的严密契合、系统衔接。

(4) 提高提升网络谣言管控的立法位阶和法律效力

当前我国在网络信息管控领域仍然存在立法缺位的现实问题，且现有立法多为规定、办法、意见等规范性文件，立法位阶不高、实施效力不强。为体现法制统一和法律权威，应当坚持专门立法与普通法相结合适用，规制网络谣言的发布和传播。一方面，应当就网络谣言、网络诽谤行为出台专门的成文法，提高立法位阶，明确网络谣言相关的关键法律概念。另一方面，在“将传统罪名套用于网络空间的同时，需要通过司法解释、立法解释等程序进行‘切削和打磨’，让同一个罪名体系能够没有争议地用于现实社会与网络空间”。

8.5.3 提升管控主体间协同性

实现网络谣言的协同管控，不仅是实现网络谣言管控主体的多中心化，还需要在多元管控主体之间搭建协同合作的框架和平台，实现多中心的协同管控，提升管控主体间协同性。在政府、社会公众、非政府组织发挥自身优势推动网络谣言管控多中心化的同时，应根据现实情况，积极推动和实现各主体在网络谣言管控中的协同合作，通过合作管控进一步提高网络谣言管控的有效性。

协同管控体系往往会面临责任不明确的问题，责任问题是阻碍网络谣言管控主体间的协同性提升的重要因素。因此，要构建合理的网络谣言管控的权责体系。我国近几年虽然加强了对于网络谣言的打击和管控力度，但由于政府各部门在网络谣言管控中的权责划分不明确，导致当前我国对互联网的管理还存在职权交叉和执法主体不明确等问题，政府对网络谣言的管控也就不可避免地存在真空地带，这影响了网络谣言管控的有效性。当前，优化网络谣言多中心协同管控的权责体系不仅包括政府内部权责的合理划分，也包括政府外部的分权与制约。根据善治的要求，当前权责划分需要对政府内部权力进行合理划分，同时将部分权力授予社会主体，形成权力主体的多元化。对于政府外部的权力划分，就是在当前网络谣言管控主体多元化成为不可逆转的趋势时，对于政府与其他管控主体的权责关系进行划分。

(1) 政府与非政府组织之间的权责授予关系

政府与非政府组织在网络谣言管控中实际是一种“委托—代理”的关系，这种关系建立在消除网络谣言并实现网络谣言善治的共同目标上。非政府组织参与网络谣言管控大多是出于志愿性和公益性，其参与网络谣言管控应当由政府授权。首先，政府应通过授予非政府组织一定的权力并满足其合理的利益诉求来实现对非政府组织的正向激励，引导和鼓励非政府组织积极参与网络谣言管控；同时，要对非政府组织参与网络谣言管控的方式和行为进行有效的制约和监督。可以通过相关法律法规的制订与实施，同时加强政府的直接监督、社会公众与媒体的舆论监督来规范非政府组织在网络谣言管控中的行为。

(2) 政府与公众的协同关系

政府与社会公众在善治视角下我国网络谣言多中心协同管控网络谣言中虽然不存在授权的问题，但由于社会公众参与网络谣言管控大多是自发的行为，政府应鼓励和引导社会公众尤其是网民参与网络谣言管控，通过拓展参与渠道、搭建参与平台，让社会公众参与网络谣言管控由无序的个体行为转变为一种集体的行动。政府可以通过招募志愿者或者授权非政府组织来招募，让社会公众在相关组织的统一领导和协调下参与网络谣言管控，提高社会公众参与网络谣言管控的有序性和有效性。

总之，网络谣言多中心协同管控由于管控主体多元化且各主体发挥作用的不同，彼此之间所呈现的协同关系也不尽相同。通过优化网络谣言多中心协同管控的权责体系，理顺政府内部各部门、中央与地方政府、政府与非政府组织和社会公众等不同主体之间的权责关系，有利于保障网络谣言的多中心协同管控的有效实现。

8.6 本章小结

网络谣言大肆传播会引起社会危机，引发社会矛盾。网络谣言的治理和网络社会安全的构建需要政府及时、有力地进行辟谣，需要政府建立完善、有效的网络谣言的管控策略体系。本章首先介绍了网络谣言管控策略的研究焦点，包括网络谣言管控主体和网络谣言过程管控两个方面；而后阐述了政府网络谣言管控的目的和原则。在政府网络谣言管控具体策略的构建部分，首先分析了基于不同交互模式的辟谣信息管控策略；其次面向影响谣言信息与辟谣信息交互作用因素，提出了不同的政府谣言管控策略；最后，构建了以政府为中心的多主体网络谣言综合管控体系。

本章参考文献

陈春阳，黄秀玲 . 2018. 微博舆情的生成机制和传播规律研究 [J]. 情报科学，36（4）：32-37.
陈娟，刘燕平，邓胜利 . 2017. 政府辟谣信息的用户评论及其情感倾向的影响因素研究 [J]. 情报科学，35（12）：61-65，72.
陈万怀 . 2008. 传播学视角下网络谣言的认知与消解 [J]. 新闻界，(6)：50-51.
邓国峰，唐贵伍 . 2005. 网络谣言传播及其社会影响研究 [J]. 求索，(10)：92-94.
杜洪涛，孟庆国，王君泽 . 2016. 基于社会网络分析的微博社区网络结构及传播特性研究 [J]. 情报学报，35（8）：838-847.
杜洪涛，王君泽，李婕 . 2017. 基于多案例的突发事件网络舆情演化模式研究 [J]. 情报学报，36（10）：1038-1049.
郭耿，陈福集，陈蕾雯 . 2020. 基于观点模糊相似度的微博舆情演化研究 [J]. 情报科学，38（1）：82-86.
郭渐强，曾望峰 . 2015. 大数据时代网络舆情管理变革探讨 [J]. 广西社会科学，（8）：145-149.
何智莅 . 2018. 社交媒体时代灾后谣言传播中的快速辟谣研究——以九寨沟地震为例 [J]. 新媒体与社会，(2)：24-46.
霍飞，徐娜，刘长娜，等 . 2014. 微博等新媒体信息监测在重大传染病防控工作中的应用 [J]. 职业与健康，(3)：411-413.
蒋知义，马王荣，邹凯，等 . 2018. 基于情感倾向性分析的网络舆情情感演化特征研究 [J]. 现代情报，(4)：50-57.
金摇璇，赵玉现 . 2017. 共治视角下的网络谣言分析——微信平台谣言治理实践 [J]. 新闻与写作，(6)：41-44.
兰月新，王芳，董希琳，等 . 2016. 公共危机事件网络舆情热度模型研究 [J]. 情报科学，34（2）：32-36.
李菲，柯平，高海涛，等 . 2017. 基于社会网络分析的新媒体网络舆情传播监管研究 [J]. 情报科学，35（10）：138-141，159.
李佳林 . 2019. 自媒体时代网络谣言的产生传播和治理研究 [D]. 武汉：华中师范大学硕士学位论文 .
刘雅姝，张海涛，徐海玲，等 . 2019. 多维特征融合的网络舆情突发事件演化话题图谱研究 [J]. 情报学报，38（8）：798-806.
刘毅 . 2007. 网络舆情研究概论 [M]. 天津：天津人民出版社 .
马超 . 2019. 健康议题辟谣社群的类别构成与社群结构研究——基于多主体谣言协同治理的视角 [J]. 情报杂志，38（1）：96-105.
马宁，刘怡君，廉莹 . 2019. 突发事件舆情风险研究文献综述 [J]. 情报杂志，38（6）：88-94.

史路遥，夏一雪，兰月新，等 . 2019. 虚假新闻引爆原理与政府监管机制研究 [J]. 情报杂志，38（11）：94-101.
唐雪梅，赖胜强 . 2018. 突发事件中政府对网络谣言的辟谣策略研究——以太伏中学事件为例 [J]. 情报杂志，37（9）：95-99.
汪明艳，陈梅 . 2017. 社交媒体网络舆情传播影响力研究综述 [J]. 情报科学，35（5）：171-176.
王超 . 2019. 辟谣何以失灵——一个信息传播效果视角的解释框架 [J]. 情报杂志，38（5）：123-129.
王德建 . 2020. 大数据时代突发公共事件网络舆情分析探索 [J]. 现代信息科技，4（3）：196-198.
王丽丽 . 2013. 基于新浪平台的微博辟谣研究 [D]. 武汉：华中科技大学硕士学位论文 .
王睿，张恩普，李婷 . 2016. 基于微博的突发事件网络舆情对策研究 [J]. 情报科学，34（4）：94-98.
王锁明 . 2014. 基于政府治理视角的网络谣言管控分析 [J]. 理论建设，（3）：26-29.
王晰巍，邢云菲，王楠，等 . 2017. 新媒体环境下突发事件网络舆情信息传播及实证研究——以新浪微博“南海仲裁案”话题为例 [J]. 情报理论与实践，40（9）：1-7.
吴仁献，谢朝武，谈天然 . 2019. 突发事件政务舆情内部人际传播机制研究——以 8 · 8 九寨沟地震旅游政务微信传播为例 [J]. 情报杂志，38（9）：118-125.
夏露，周楚娇 . 2015. 政府辟谣的法治化初探 [J]. 领导科学，（11）：58-60.
谢科范，赵湜，陈刚，等 . 2010. 网络舆情突发事件的生命周期原理及集群决策研究 [J]. 武汉理工大学学报（社会科学版），23（4）：482-486.
谢志强 . 2011. 政府公信力“亚健康”与辟谣难题 [J]. 人民论坛，（7）：24-25.
薛小龙，晏毅，张欢，等 . 2014. 网络谣言的社会影响与政府治理——基于受众心理视角的分析 [J]. 老区建设，（2）：21-24.
晏敬东，杨彩霞，张炜南 . 2017. 基于生命周期理论的微博舆情引控研究 [J]. 情报杂志，36（8）：88-93，75.
杨志，祁凯 . 2018. 基于“情景—应对”的突发网络舆论事件演化博弈分析 [J]. 情报科学，36（2）：30-36，94.
尹彦文 . 2015. 公共危机事件中网络谣言的治理 [J]. 辽宁工业大学学报（社会科学版），17（4）：12-15.
俞可平 . 1999. 治理和善治引论 [J]. 马克思主义与现实，（5）：37-41.
曾攀 . 2018. 认同、信息质量与转发数对辟谣效果的影响 [D]. 成都：四川师范大学硕士学位论文 .
张良 . 2018. 大数据环境下互联网涉警舆情形势分析 [J]. 科学技术创新，（25）：96-97.
周玲 . 2017. 大数据网络舆情管理浅析——以政府治理能力提升为视角 [J]. 民族论坛，（1）：77-81.
周昕，李瑞，黄微 . 2019. 多媒体网络舆情危机响应机理及风险分型研究 [J]. 图书情报工作，63：6-16.

周裕琼 . 2012. 当代中国社会的网络谣言研究［M］. 北京：商务印书馆 .

Forrester J W. 1958. Industrial dynamics：A major breakthrough for decision makers［J］. Harvard Business Review，36（4）：37-66.

Hermann C F. 1972. International Crisis：Insight from Behavioral Research［M］. New York：Free Press.

Jiang W，Chen B，He L，et al. 2016. Features of rumor spreading on WeChat moments［C］. Web Technologies and Applications：217-227.

Singh A，Singh Y N. 2012. Nonlinear spread of rumor and inoculation strategies in the nodes with degree dependent tie strength in complexnetworks［J］. Acta Physica Polonica，44（1）：675-678.

Sohn D. 2014. Coping with information in social media：The effects of network structure and knowledge on perception of information value. Computers in Human Behavior，32：145-151.

Wang Q S，Song P. 2015. Is positive always positive? The effects of precrisis media coverage on rumor refutation effectiveness in social media［J］. Journal of Organizational Computing & Electronic Commerce，25（1）：98-116.

Wang X L，Zhao L J，Zhong W U，et al. 2015. Rumor propagation model with considering refutation mechanism in inhomogeneous networks［J］. Systems Engineering，（1）：1-11.

Yang Z，Chao W，Fan Z，et al. 2015. Emerging Rumor Identification for Social Media with Hot Topic Detection［C］. Proceedings of the 2015 12th Web Information System and Application Conference，53-58.

Zhifan Yang，et al. 2015. Emerging Rumor Identification for Social Media with Hot Topic Detection［C］. The 12th Web Information System and Application Conference：53-58.

9 研究总结与展望

本书以社交网络平台中的谣言和辟谣信息为研究对象，通过社交网络技术和地理信息系统对社交网络谣言信息和辟谣信息的在线扩散特征和规律进行深入分析的基础上，利用建模仿真技术和方法探究谣言信息与辟谣信息在线扩散的交互作用机制。在此基础上识别网络谣言管控的关键因素并对政府治理网络谣言的效果进行评价，抓住规避与管控网络谣言信息在线扩散的主要问题，一定程度上提升政府规避和管控网络谣言的效果。最后，基于理论和实证研究，构建网络谣言协同治理机制，提出政府网络谣言的管控策略。本书研究在理论层面促进社交网络谣言和辟谣研究的纵向发展，在实践层面为政府、社会组织、舆情管理者强化网络舆情管理提供科学指导。

9.1 研究总结

本书的研究工作主要有以下几个方面成果。

第一，从多视角分析网络谣言信息和政府辟谣信息的扩散，挖掘谣言信息和辟谣信息扩散特征，发掘其内在扩散影响因素和机理。具体阐述网络谣言信息的扩散特征和政府辟谣信息扩散中的两类现象并进行案例的实证分析，为应用性的网络谣言监测预警系统提供基础，为政府网络舆情管理决策提供依据。针对网络谣言信息的扩散，研究得到以下结论：网络谣言扩散具有阶段性、时滞性和时序变化的时间特征；分布集聚性、近邻性和介质虚拟性的空间特征；情感性、个体异质性和阵发性人际特征。针对辟谣信息扩散的研究，得到如下结论：辟谣信息扩散具有社会网络和地理信息的特征；在政府辟谣信息扩散中会出现两类现象，政府发布辟谣信息，对谣言进行阻断、覆盖的过程中，公众对此会形成接受或质疑两种反应。由于技术环境的限制，在传统媒体主导的时代，政府辟谣信息扩散时，会出现“沉默的螺旋”现象；而在社交媒体时代，随着技术的发展，会呈现“反沉默的螺旋”现象。

第二，从建模仿真角度研究谣言信息与辟谣信息在线扩散的交互作用机制，并借助案例模拟谣言传播和政府辟谣时的各种情况，探究其交互作用机制，探索并提出优良的政府辟谣策略。本书概述了用户信息交互相关概念、谣言信息与辟社交网络平台的部分有代表性的谣言与辟谣信息及相应的用户行为进行采集，虽然尽力保证数据的客观性，但由于研究中客观数据口径不一，且噪声难以剔除，无法针对不同类型的谣言管控问题进行深入比较分析，虽然定量分析结果具有一定的可靠性，但上述结果能够在多大程度上反映所有网络谣言与辟谣信息的扩散规律，对所有类型的网络谣言的规避与管控问题进行有针对性的指导，有待于后续的深入研究检验。

第三，在政府网络谣言治理效果评价部分，本研究选用层次分析法进行网络谣言治理效果的评价和权重确定，涉及部分主观数据，尽管在专家选取上尽量做到选择对本领域熟悉的权威专家，但由于受调查方式、沟通方式等外界因素的制约，尚难保证所获主观数据的全面性及系统性。此外，本研究运用模拟数据对网络谣言治理效果进行了定量评价，但缺乏实证案例数据予以验证和分析，因此，对网络谣言治理效果评价体系的科学性和可行性有待深入研究验证。

第四，本研究的实践研究结果对政府和舆情管控主体来说，如何针对本研究提出谣言和辟谣信息在线交互作用机制仿真模型进行实践仅处于探索阶段，实践经验不足，可能导致管理策略适用性不够广泛，提出的政策措施具有一定局限性。在未来的研究中，本文将从以下几个方面进行改进：

首先，社交网络平台快速发展网络语言发展已经成为传统的社交网络平台，现有关于网络谣言的研究以微博等为主阵地，而通信技术手段发展迅速、新的传播媒介层出不穷使得短视频平台发展如火如荼。因此，在以后的实证研究过程中应当选取更多的社交网络平台以及更为广泛多样的社交网络舆情话题，扩大数据量以最大程度降低研究误差；其次，扩充研究对象，将短视频相关的网络舆情信息作为研究内容，对社交网络舆情信息传播进行系统性探索；最后，提高研究实证的科学性，降低模型分析误差，为帮助政府及舆情管控提供技术支撑。

其次，提升数据获取的客观性、全面性、科学性和代表性。社交网站的反抓取技术在不断发展，获取数据的难度在逐步增大。由于对用户隐私权的保护，社交平台针对用户的反爬取技术客观上制约了已有研究中运用数据采集器、Python代码等技术的运用，使得研究所需的客观数据获取越来越难以实现。大数据分析是保证研究结果准确的基础，也是网络时代科学研究方法的主要发展方向。今后将努力寻求在法律许可范围内的基于研究所需的校企合作，以获取更多、更全面的社交平台用户数据和辟谣相关的数据，为后续研究提供足够的数据支撑。同时，扩大受访对象的规模，提高主观数据来源的广泛性、多样性和权威性，以提升网络谣言治理效果专家评价的客观性和准确性。

最后，今后研究应进一步完善现有的研究成果，使研究结果更为完整和充实，并且拓宽谣言研究的范围和领域。由于本书研究主要集中于网络舆情信息，网络舆情与社会舆情的对比性研究、网络舆情与传统媒体的对比性研究、访谈研究、田野调查还比较欠缺。这主要是调研难度大、调查经费高、人力资本贵、间接干扰因素多等原因引起的，在条件成熟的情况下，未来会尝试在这方面进行研究，将线上和线下研究相结合，为政府的舆情管控提供更为全面的治理体系和框架。